C/C++을 활용한
디지털 영상 신호 처리

| 김형오, 이상호, 이승연, 이봉수 지음 |

光文閣
www.kwangmoonkag.co.kr

머리말

C언어는 1972년 켄 톰슨과 데니스 리치가 벨 연구소에서 일할 당시 새로 개발된 유닉스 운영 체제에서 사용하기 위해 개발한 프로그래밍 언어이다. 켄 톰슨은 BCPL 언어를 필요에 맞추어 개조해서 'B'언어(언어를 개발한 벨 연구소의 B를 따서)라 명명했고, 데니스 리치가 이것을 개선하여 C언어가 탄생했다. 유닉스 시스템의 바탕 프로그램은 모두 C로 작성되었고, 수많은 운영 체제의 커널 또한 C로 만들어졌다. 오늘날 많이 쓰이는 C++은 C에서 객체 지향형 언어로 발전된 것이다. 또 다른 다양한 최신 언어들도 그 뿌리를 C에 두고 있다.

이 교재는 고등학교에서 대학원까지 컴퓨터 프로그래밍 언어를 입문하는 학생을 대상으로 하며 학습 용이성을 고려하여 마이크로소프트사의 Visual Studio Community 버전을 사용하여 예제를 구현하였다. 1장에서는 C언어의 문법에 대해서 기술하며 각 단원의 마무리를 위해 실습 예제를 기재하였다. 2장에서는 C++와 윈도우즈 프로그래밍을 가미하여 간단한 윈도우 응용 프로그램 개발을 실습해 본다. 윈도우 응용 프로그래밍을 위해서 간략하게 윈도우즈 동작 방식인 이벤트 드리븐 방식 및 MFC에 대해 설명하고 예제를 구현해 본다. 끝으로 3장에서는 C 라이브러리의 구성과 활용법을 이야기하며 대표적인 공개 라이브러리인 OpenCV를 설치하고 이를 활용하여 영상 처리 및 영상 인식 예제를 실습한다.

최근 정보통신 분야에서는 하나의 프로그래밍 언어나 문법을 익히는 것도 중요하지만 다양한 활용 사례를 접하면서 프로그래밍 언어의 응용력을 기르는 것이 중요하므로 본 교재에서는 C언어 기초에서 C++, 영상 처리까지 다양한 부분을 아울렀다.

저자 일동

차 례

Ⅰ. C언어와 C++언어

CONTENTS

Ⅱ. 윈도우즈 프로그래밍

Ⅲ. OpenCV 활용 영상 처리

I. C언어와 C++언어

단원 소개

C++언어는 'C'에 C언어의 증가연산자 ++를 덧붙인 C++라는 이름이 의미하는 바와 같이 C언어의 문법을 대부분 그대로 사용하면서 객체 지향 프로그래밍 기법을 추가한 C언어의 개선된 버전이라 말할 수 있다. 이번 장에서는 C언어와 C++언어를 아울러서 기본적인 문법을 설명하고 실습함으로써 이후 챕터의 내용을 쉽게 이해할 수 있도록 최소한의 문법과 예제만을 다루었다. 프로그래밍을 배우는 과정은 논리적인 사고력을 키우고 최적화된 알고리즘을 생각하며 적용하는 과정이기에 문법과 언어의 틀을 최소화하므로 이후 다른 객체 지향 프로그래밍을 지원하는 언어인 Java나 C# 등을 접하더라도 쉽게 적응할 수 있을 것이다.

The C Programming Language

01

C언어 개요

학습목표	1. C언어를 이해하고 설명할 수 있다. 2. C의 기초적인 문법을 설명할 수 있다.

1. C언어 소개

컴퓨터 프로그래밍 언어에는 대표적으로 어셈블리어, C언어 등이 있으며, 이 중에서 하드웨어에 종속되지 않고 프로그래밍 자유도가 높은 C언어가 전 세계적으로 많이 사용되고 있다. C언어는 모든 컴퓨터 시스템에서 사용할 수 있는 프로그래밍 언어이다. 예를 들어 다양한 플랫폼에서 ANSI C의 정의에 따르는 비교적 동일한 구현이 가능하다. 모든 C언어 컴파일러는 정규화된 표준 C 라이브러리가 존재한다. 또한, 생성된 프로그램의 높은 성능이 아직까지도 C언어가 사랑받는 이유 중 하나이다. 오늘날 거의 모든 운영 체제 커널이 C를 이용해 구현된 이유이기도 하다. 이처럼 C는 시스템 프로그램 개발에 매우 적합하다.

C언어로 프로그래밍을 하면 C언어를 컴퓨터가 인식 가능한 기계어로 변환하는 과정을 거치게 되며 이 과정을 컴파일(Compile)이라고 부른다. 그리고 컴파일을 실행하는 소프트웨어를 컴파일러(Compiler)라고 지칭한다. 본 교재에서는 마이크로소프트사의 윈도우즈 운영 체제에서 가장 많이 사용되고 있는 C 컴파일러인 Visual Studio와 Dev C를 사용하여 설명을 이어나가도록 하겠다.

2. Visual Studio Community

마이크로소프트사에서 개발한 Visual Studio는 1997년에 통합 개발 환경으로 첫 출시를 한 후에 지금까지 유지되고 있다. 통합 개발 환경(Integrated Development Environment)에는 C언어 및 C++, 비주얼 베이직, C# 등의 언어를 공통적으로 지원할 수 있도록 각 언어별 컴파일러, 디버거, 라이브러리 등을 포함하고 있다. 마이크로소프트사에서는 Visual Studio를 제품으로 판매를 하고 있지만 강의실 학습 환경, 학술 연구 또는 공개 소스 프로젝트 참여하는 상황에는 Visual Studio Community 버전을 무료로 사용이 가능하다. Visual Studio Community 버전은 마이크로소프트 홈페이지(https://imagine.microsoft.com/ko-kr/Catalog/Product/530)에서 다운로드가 가능하다.

〈그림 I-1〉 Visual Studio Community 버전 다운로드 사이트

마이크로소프트사의 다운로드 사이트에서 '다운로드' 버튼을 눌러서 다운로드를 시작하면 〈그림 I-2〉와 같이 다운로드가 진행되며 화면이 전환된다.

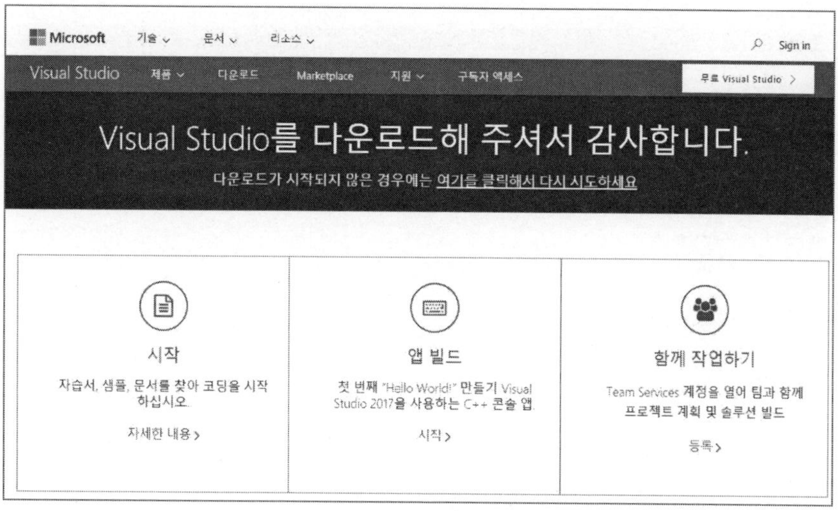

〈그림 Ⅰ-2〉 Visual Studio Community 다운로드 종료 화면

다운로드된 설치 파일은 인터넷이 접속된 컴퓨터에서 설치를 진행해야 마이크로소프트의 서버에서 비주얼 스튜디오 커뮤니티 버전의 설치 파일을 다운로드하여 설치가 진행될 수 있다. 설치 파일을 더블클릭하여 실행하면 〈그림 I-3〉과 같이 진행 상태 바가 나타난다.

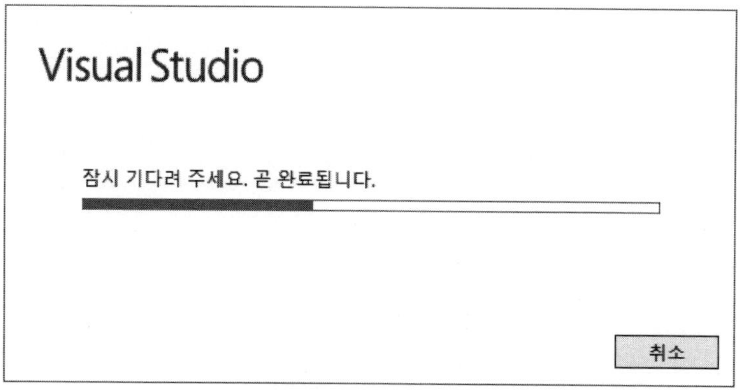

〈그림 Ⅰ-3〉 비주얼 스튜디오 커뮤니티의 설치 상태

비주얼 스튜디오 커뮤니티 버전을 구성하는 구성 요소들을 선택하여 설치할 수 있다. 설치가 완료되거나 특별히 수정할 필요가 없다면 〈그림 I-4〉 오른쪽 하단의 '설치' 버튼을 눌러서 설치를 진행하면 된다.

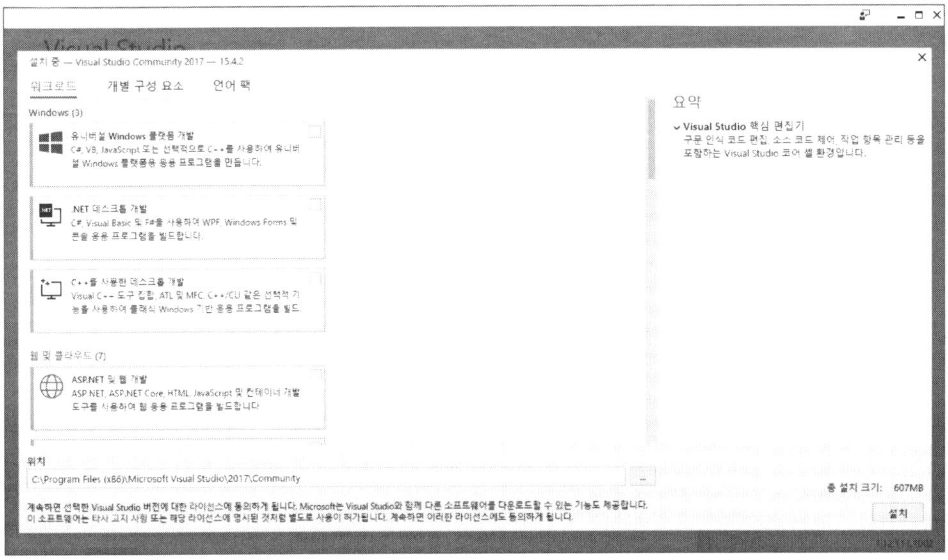

〈그림 I-4〉 비주얼 스튜디오 커뮤니티 설치 항목 선택 화면

The C Programming Language

02

C, C++ 언어

학습목표
1. C언어, C++언어 기본 구조를 이해하고 설명할 수 있다. 2. C언어, C++언어의 자료 형식을 이해할 수 있다. 3. 조건문, 반복문 등의 문법을 이해하고 응용할 수 있다.

1. C 기본 구조와 자료 형식

1) C 기본 구조

C++언어는 C언어를 기반으로 하여 객체 지향 프로그래밍 철학을 추가한 컴파일러 방식 언어이다. 따라서 기존의 교재들은 C언어를 습득하고 C++언어를 추가로 학습하도록 하였으나, 본 교재에서는 C언어와 C++언어의 차이점을 설명하면서 두 언어를 함께 습득할 수 있도록 설명하겠다.

```
// ConsoleApplication1.cpp: 콘솔 응용 프로그램의 진입점을 정의합니다.
//

#include "stdafx.h"


int main()
{
    return 0;
}
```

C언어 또는 C++언어는 위와 같이 전처리부와 함수선언부로 구성이 되어 있다. 1행의 "//" 슬래시 2개를 함께 사용하면 해당 줄의 모든 내용은 주석이 되며 컴파일 과정에서 제외된다. 프로그래밍을 하는 개발자의 이해를 돕기 위해 기입하는 문장이다. C언어에서는 "/*", "*/" 사이의 문구를 주석으로 인식하였으며 C++에서 "//" 추가되었다.

3행의 #include는 뒷부분의 "stdafx.h" 파일을 삽입하는 전처리기이다. 4행의 int는 반환되는 자료의 형을 의미하며 main()은 함수의 이름이다. 5행과 7행의 중괄호는 함수의 시작과 끝을 나타내며 6행의 return 0;은 함수를 종료하며 0을 반환한다는 의미이다.

int main은 함수(function)이며, 메인(main) 함수는 프로그램의 최초의 진입점(Entry Point)이다. 모든 프로그램에는 메인 함수가 반드시 존재해야 하며, 메인 함수가 시작되면 프로그램이 시작되며, 종료되면 프로그램도 같이 종료된다.

2) 기본 데이터 형식

구분	데이터 형식	Byte	범위
	void	-	-
문자	char	1	-128 ~ 127
문자	unsigned char	1	0 ~ 255
정수	int	4	-2,147,483,648 ~ 2,147,483,647
정수	unsigned int	4	0 ~ 4,294,967,295
실수	float	4	-3.402823e38~3.402823e38
실수	double	8	-1.79769313486232e308~1.79769313486232e308

C와 C++에서 제공하는 기본 데이터 형식들 중 하나인 문자 형식, 정수 형식, 실수 형식 등을 위 표에 정리했다. 데이터 형식 앞에 unsigned가 붙으면 이것은 양수를 의미한다. 음수의 범위만큼 양수의 범위에 확장시켰다 생각하시면 된다. char형 변수는 문자를 저장하지만 경우에 따라서는 정수를 저장할 수 있다.

```
// ConsoleApplication1.cpp: 콘솔 응용 프로그램의 진입점을 정의합니다.
//
```

```
#include "stdafx.h"

int main()
{
    unsigned char a = 200;
    char b = -126;
    int c = 100000000;
    unsigned int d = 1000000000;
    float e = 123.567891011f;
    double f = 1234.567878910111213;

    printf("a=%d, b=%d, c=%d, d=%d, e=%f, f=%f", a, b, c, d, e, f);

    getchar();
    return 0;
}
```

위 예제를 보면 a, b, c, d, e, f 6개의 변수를 선언하면서 동시에 초기화를 하고 있다. printf는 출력을 하는 함수로서 " " 안에 출력 포맷을 지정하고 이후에 출력 변수를 순서대로 지정해 주면 된다. %d는 정수형 변수에 대한 출력 지정 포맷이며, %f는 실수형 변수에 대한 출력 지정 포맷이다. 출력 결과는 다음과 같다.

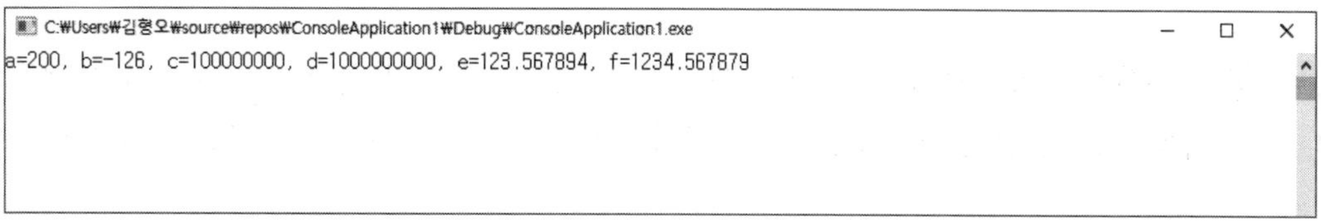

3) 형식 변환

변수에 저장된 데이터를 다른 형식의 변수에 옮겨서 저장하는 것을 형식 변환이라 한다. 예를 들면 정수를 실수로 변환 또는 실수를 정수로 변환하거나, 실수, 정수를 문자열로 나타내거나, 문자열을 실수, 정수로 바꾸는 것이다. 실수를 정수로 바꾸는 과정에서는 소수점 아래 숫자를 버리기 때문에 오차가 발생하는 점을 주의해야 한다. 123.45에서 소수점 아래의 0.45가 버려져서 123이란 값이 변수 d에 저장되는 경우가 일례이다.

```
// ConsoleApplication2.cpp: 콘솔 응용 프로그램의 진입점을 정의합니다.
//

#include "stdafx.h"

int main()
{
    int a = 500;
    float b = (float)500;

    printf("a=%d, b=%f\n", a, b);

    double c = 123.45;
    int d = (int)c;

    printf("c=%f, d=%d\n", c, d);

    getchar();
    return 0;
}
```

float형을 int형으로 형 변환을 하기 위해서는 (float)와 같이 형 변환(Type Casting)을 해주면 된다. 마찬가지로 double형도 (double)로 형 변환을 해주면 된다. 아래는 형 변환 결과 화면이다.

```
C:\Users\김형오\source\repos\ConsoleApplication2\Debug\ConsoleApplication2.exe
a=500, b=500.000000
c=123.450000, d=123
```

char형은 문자형이며 char형의 배열 타입을 문자열이라 부르고 문자열에 자료를 입력하기 위해서는 메인 함수의 6번째 행처럼 배열 선언 시 문자열을 " "로 묶어서 초기화하거나 7번 행처럼 각 배열 변수에 한 글자씩 입력할 수 있다. 만약 배열 선언 후 int, float형 변수를 문자열로 바꾸기 위해서는 메인 함수의 10번째 행처럼 sprintf 함수를 사용한다. sprintf의 사용법은 printf의 사용법과 동일하다.

```
// ConsoleApplication3.cpp: 콘솔 응용 프로그램의 진입점을 정의합니다.
//

#include "stdafx.h"
#include <stdlib.h>

int main()
{
    int a = 500;
    float b = 60.44f;
    char c[20];
    char cc[20];
    char d[20];
    char dd[20]="60.44";

    cc[0] = '5'; cc[1] = '0'; cc[2] = '0'; cc[3] = NULL;
    sprintf(c, "%d", a);
    sprintf(d, "%f", b);

    printf("a=%d, b=%f ₩nc=%s, cc = %s, d=%s, dd=%s₩n", a, b, c, cc, d, dd);

    char e[20] = "123";
    char f[20] = "123.456";
    int g = atoi(e);
    double h = atol(f);


    printf("e=%s, f=%s ₩ng=%d, h=%f", e, f, g, h);
    getchar();
    return 0;
}
```

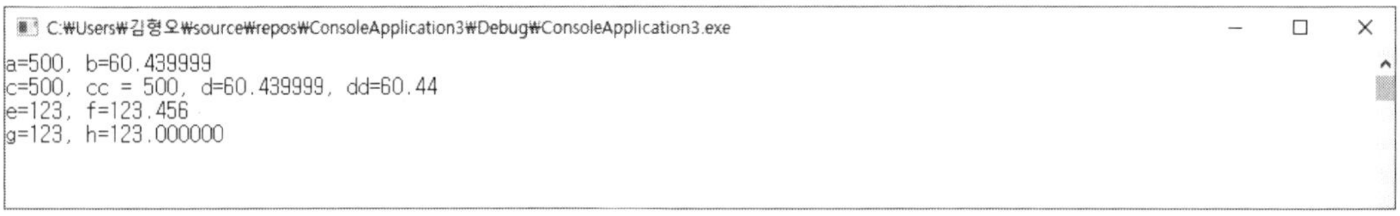

4) 상수

변수들 중 값이 도중에 변경되면 심각한 오류를 일으킬 수 있는 경우에, C, C++ 프로그래밍은 const라는 키워드를 사용하게 되면 한 번 초기화된 값은 절대 변하지 않는다.

```
// ConsoleApplication4.cpp: 콘솔 응용 프로그램의 진입점을 정의합니다.
//

#include "stdafx.h"


int main()
{
    const int a = 50;

    printf("%d", a);

    getchar();
    return 0;
}
```

실습 과제 1 숫자를 문자열로 변환

실습 과제 1에서는 기본 자료형 중에 숫자를 문자열로 변환하는 방법에 대해 다시 살펴보고 형 변환 함수를 사용하는 방법을 숙지한다.

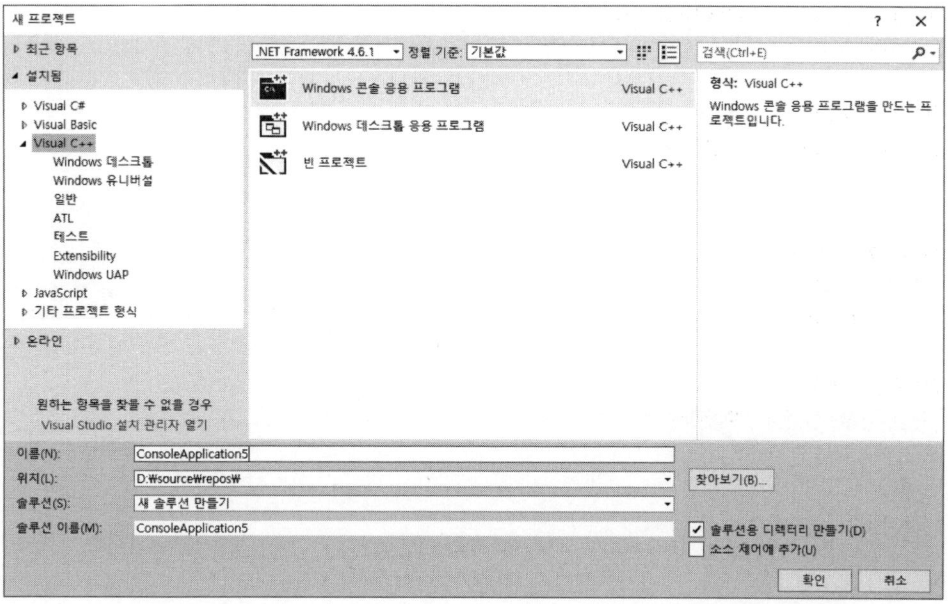

〈그림 I－5〉 Windows 콘솔 응용 프로그램을 선택하여 프로젝트를 생성한다.

Visual Studio를 실행하고 "File" →"New" → "Project" 메뉴를 선택한 후에 "Visual C++"에서 "Windows 콘솔 응용 프로그램"을 선택한다. 아래의 프로젝트 이름과 프로젝트 위치를 결정한 뒤 "OK"를 누르면 프로젝트가 자동 생성된다.

자동 생성된 스켈레톤 코드(Skeleton Code)를 포함한 프로젝트가 생성된다. 자동 생성된 main 함수 내에 아래의 코드를 타이핑한다.

```
// ConsoleApplication5.cpp: 콘솔 응용 프로그램의 진입점을 정의합니다.
//
```

```
#include "stdafx.h"
#include <stdio.h>
#include <stdlib.h> //itoa, ltoa, ultoa, fcvt, ecvt, gcvt

int main()
{
    int  nInt = 1234567890;
    int  nInt2 = 255;
    long nLong = -1234567890L;
    unsigned long nULong = 345678902UL;

    float nFloat = 3.141592f;
    double nDouble = 3.14e+5;

    int Radix;
    char buffer[100];
    int dec, sign;
    char *pbuffer;

    Radix = 10;
    _itoa(nInt, buffer, Radix);
    printf("%s₩n", buffer);

    _ltoa(nLong, buffer, Radix);
    printf("%s₩n", buffer);

    _itoa(nULong, buffer, Radix);
    printf("%s₩n", buffer);

    Radix = 2;
    _itoa(nInt2, buffer, Radix);
    printf("%s₩n₩n", buffer);

    Radix = 16;
    _itoa(nInt2, buffer, Radix);
    printf("%s₩n", buffer);

    pbuffer = _fcvt(nFloat, 7, &dec, &sign);
    printf("%s %d₩n", pbuffer, dec);

    pbuffer = _ecvt(nDouble, 10, &dec, &sign);
    printf("%s %d₩n", pbuffer, dec);
```

```
        pbuffer = _gcvt(nDouble, 5, buffer);
        printf("%s %d₩n", pbuffer);

        pbuffer = _gcvt(nDouble, 10, buffer);
        printf("%s %d₩n", pbuffer);

        getchar();
        return 0;
}
```

코드를 살펴보면 숫자를 문자열로 바꾸는 _itoa 함수, _ltoa 함수, _ultoa 함수, _fcvt 함수, _ecvt 함수, _gcvt 함수를 사용하고 있다. 이 함수들의 역할은 다음과 같다.

함수명	목적
_itoa	integer 값을 2진, 8진, 10진, 16진 문자열로 변환
_ltoa	long 값을 2진, 8진, 10진, 16진 문자열로 변환
_ultoa	unsigned long 값을 2진, 8진, 10진, 16진 문자열로 변환
_fcvt	실수(고정 소수점 : float) 값을 문자열로 변환
_ecvt	실수(부동 소수점 : double) 값을 문자열로 변환
_gcvt	실수 값을 부호와 소수점을 포함하여 문자열로 변환

_itoa 함수, _ltoa 함수, _ultoa 함수들의 첫 번째 변수는 변환하고자 하는 변수를 입력한다. 두 번째 buffer 변수는 문자열로 변환된 값이 저장될 문자 배열 변수이다. 마지막 Radix는 변환하고자 하는 진수를 지정하는 변수이다. _fcvt 함수, _ecvt 함수, _gcvt 함수에서 2번째 입력 변수는 변환하고자 하는 문자열의 길이이다. dec 변수는 소수점의 위치를 저장하고 있으며 sign 변수는 부호를 저장하고 있다.

〈그림 Ⅰ-6〉 실습 과제 1의 실행 결과

2. 연산자

1) 수식 연산자

수식 연산자는 사칙연산(덧셈, 뺄셈, 곱셈, 나눗셈)과 나머지 연산자이다. 아래 표는 수식 연산자들을 정리한 것이다. 여기서 피연산자란 연산의 대상을 말한다.

분류	연산자	사용 예시
덧셈	+	a + b
뺄셈	-	a - b
곱셈	*	a * b
나눗셈	/	a / b
나머지	%	a % b

아래 예제에서 main 함수의 7번째 행에서 %%는 "%"를 출력하고자 할 경우에는 % 앞에 %를 추가함으로써 출력할 수 있다.

```
// ConsoleApplication6.cpp: 콘솔 응용 프로그램의 진입점을 정의합니다.
//

#include "stdafx.h"

int main()
{
    int a = 55, b = 6;

    printf("%d + %d = %d\n", a, b, a + b);
    printf("%d - %d = %d\n", a, b, a - b);
    printf("%d * %d = %d\n", a, b, a * b);
    printf("%d / %d = %d\n", a, b, a / b);
    printf("%d %% %d = %d\n", a, b, a % b);

    getchar();
    return 0;
}
```

2) 증감 연산자

피연산자의 값을 1만큼 증가시키거나 감소시키는 연산자를 증가 연산자와 감소 연산자라 한다. 전위 연산자는 우선 피연산자의 값을 증가시키거나 감소하고 그 문장을 실행하며, 후위는 문장을 먼저 실행하고 그 뒤로 값을 증가시키거나 감소하는 차이점을 가진다.

분류	기능	사용 예시
전위 증가 연산자	다른 연산에 앞서서 피연산자의 값을 1 증가	++a;
전위 감소 연산자	다른 연산에 앞서서 피연산자의 값을 1 감소	--a;
후위 증가 연산자	다른 연산을 수행 후 피연산자의 값을 1 증가	a++;
후위 감소 연산자	다른 연산을 수행 후 피연산자의 값을 1 감소	a--;

```
// ConsoleApplication7.cpp: 콘솔 응용 프로그램의 진입점을 정의합니다.
//

#include "stdafx.h"

int main()
{
    int a = 1;

    printf("%d₩n", ++a); // a의 값을 1 증가시키고, 문장을 실행 (a = 2)
    printf("%d₩n", a++); // 문장을 실행 후, a의 값을 1 증가 (a = 3)
    printf("%d₩n", --a); // a의 값을 1 감소시키고, 문장을 실행 (a = 2)
    printf("%d₩n", a--); // 문장을 실행 후, a의 값을 1 감소 (a = 1)

    getchar();
    return 0;
}
```

3) 관계 연산자

관계 연산자는 두 피연산자의 크기를 비교하는 연산자로 두 피연산자의 값이 서로 같거나 다른지 확인하는 연산자이다.

연산자	사용 예시	설명
〈	a 〈 b	a 연산자가 b 연산자보다 작으면 참, 크면 거짓
〉	a 〉 b	a 연산자가 b 연산자보다 크면 참, 작으면 거짓
==	a == b	a 연산자와 b 연산자와 같으면 참, 다르면 거짓
!=	a != b	a 연산자와 b 연산자가 다르면 참, 같으면 거짓
〉=	a 〉= b	a 연산자가 b 연산자보다 크거나 같으면 참, 작으면 거짓
〈=	a 〈= b	a 연산자가 b 연산자보다 작거나 같으면 참, 크면 거짓

```
// ConsoleApplication8.cpp: 콘솔 응용 프로그램의 진입점을 정의합니다.
//

#include "stdafx.h"

int main()
{
    int a = 50, b = 60;

    printf("%d < %d : %d₩n", a, b, a < b); // 50 < 60, True
    printf("%d > %d : %d₩n", a, b, a > b); // 50 > 60, False
    printf("%d == %d : %d₩n", a, b, a == b); // 50 == 60, False
    printf("%d != %d : %d₩n", a, b, a != b); // 50 != 60, True
    printf("%d >= %d : %d₩n", a, b, a >= b); // 50 >= 60, False
    printf("%d <= %d : %d₩n", a, b, a <= b); // 50 <= 60, True

    getchar();
    return 0;
}
```

4) 할당 연산자

할당 연산자는 오른쪽 피연산자를 왼쪽 피연산자에 할당하는 연산자이다.

연산자	사용 예시	설명
=	a = b	b 피연산자의 값을 a 피연산자에 할당
+=	a += b	a = a + b와 같음
-=	a -= b	a = a - b와 같음
*=	a *= b	a = a * b와 같음
/=	a /= b	a = a / b와 같음
%=	a %= b	a = a % b와 같음

```
// ConsoleApplication9.cpp: 콘솔 응용 프로그램의 진입점을 정의합니다.
//

#include "stdafx.h"

int main()
{
    int a = 50, b = 60;

    a += b;
    printf("a+=b : a=%d₩n", a);
    a -= b;
    printf("a-=b : a=%d₩n", a);
    a *= b;
    printf("a*=b : a=%d₩n", a);
    a /= b;
    printf("a/=b : a=%d₩n", a);
    a %= b;
    printf("a%=b : a=%d₩n", a);

    getchar();
    return 0;
}
```

5) 논리 연산자

논리 연산자는 관계 연산자와 같이 결괏값이 true 또는 false가 되는 연산자이다. 논리곱 연산자와 논리합 연산자의 진리표를 아래 표로 정리했다.

A	B	논리곱(A && B)	논리합(A ‖ B)
true	true	true	true
true	false	false	true
false	true	false	true
false	false	false	false

부정 연산자의 진리표는 아래와 같다.

A	!A
true	false
false	true

```
// ConsoleApplication10.cpp: 콘솔 응용 프로그램의 진입점을 정의합니다.
//

#include "stdafx.h"

int main()
{
    int a = 50, b = 60;

    printf("%d > 40 && %d > 50  : %d₩n", a, b, (a > 40 && b > 50));
    printf("%d > 40 || %d > 70  : %d₩n", a, b, (a > 40 || b > 70));
    printf("!(%d < %d)  : %d₩n", a, b, !(a < b));

    getchar();
    return 0;
}
```

6) 비트 연산자

비트 연산자는 비트를 다루는 연산자이며, 각 연산자별 기능은 아래 표로 정리하였다.

분류	사용 예시	설명
&	a & b	a와 b 피연산자에 대응되는 비트에 논리곱을 수행
|	a | b	a와 b 피연산자에 대응되는 비트에 논리합을 수행
^	a ^ b	a와 b 피연산자에 대응되는 비트에 배타적 논리합을 수행

```
// ConsoleApplication11.cpp: 콘솔 응용 프로그램의 진입점을 정의합니다.
//

#include "stdafx.h"


int main()
{
    int a = 5, b = 10;

    printf("%d & %d = %d₩n",a,b,a & b); // 상위 3바이트 생략, 00000101 & 00001010
= 00000000(0)
    printf("%d | %d = %d₩n",a, b, a | b); // 상위 3바이트 생략, 00000101 | 00001010
= 00001111(15)
    printf("%d ^ %d = %d₩n",a, b, a ^ b); // 상위 3바이트 생략, 00000101 ^
00001010 = 00001111(15)

    getchar();
    return 0;
}
```

실습 과제 2 연산자 우선순위와 3항 연산자

실습 과제 2에서는 C, C++의 연산자 우선순위와 3항 연산자에 대해 알아보고 프로그램에 어떻게 적용할 수 있는지 살펴보도록 하겠다.

```
// ConsoleApplication12.cpp: 콘솔 응용 프로그램의 진입점을 정의합니다.
//

#include "stdafx.h"

int main()
{
    int a = 20;
    int b = a >> 1;
    int c = b + (b >> 1);
    int d = b >> 1;
    int e;

    printf("int - %d₩n", sizeof(int));
    printf("short - %d₩n", sizeof(short));
    printf("double - %d₩n", sizeof(double));

    e = (a + b) * c / d;
    printf("(a + b) * c / d is : %d₩n", e);

    e = ((a + b) * c) / d;
    printf("((a + b) * c) / d is : %d₩n", e);

    e = (a + b) * (c / d);
    printf("(a + b) * (c / d) is : %d₩n", e);

    e = a + (b * c) / d;
    printf("a + (b * c) / d is : %d₩n", e);

    e = (e == 10) ? 20 : 30;
```

```
    printf("e = (e == 10) ? 20 : 30;, e의 값은 %d", e);

    getchar();
    return 0;
}
```

위 예제에서 변수 선언 및 초기화 부분을 살펴보면 b변수의 초깃값을 지정할 때 “a 〉〉 1”이 있다. 의미는 a변수의 메모리에서 1bit만큼 오른쪽으로 이동하라는 뜻이다. 메모리상에서 1비트를 오른쪽으로 이동하는 것은 10진수에서는 2로 나누는 것과 동일한 효과를 보인다. 반대로 왼쪽으로 1bit 이동하는 것은 2를 곱하는 것과 동일하다.

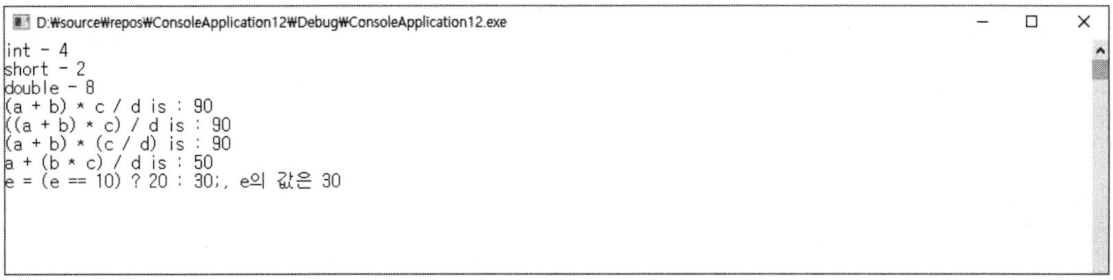

〈그림 Ⅰ-7〉 실습 예제 2의 실행 결과

연산자의 우선순위 중 가장 앞서는 연산자는 괄호이다. 괄호 안의 수식은 가장 먼저 연산을 진행하게 된다. 그다음은 “*, /”가 “+, -”보다 우선시된다. 마지막으로 3항 연산자에 대해 설명하면 괄호 안의 조건문의 결과가 참이면 물음표 다음의 값을 좌측 변수에 대입하게 된다. 조건문의 결과가 거짓이면 콜론 다음의 값을 좌측 변수에 대입하게 된다.

3. 조건문

1) if else

‘조건’의 사전적 의미는 ‘어떤 일을 이루게 하거나 이루지 못하게 하기 위하여 갖추어야 할 상태나 요소’라는 뜻을 지니고 있다. 프로그래밍에서 실행 흐름을 조건에 따라 바꾸는게 바로 ‘조건문’이다. if문의 기본 구성은 다음과 같다.

```
if (a > b) {
    printf("a가 b보다 크다.\n");
}
```

if 다음의 괄호는 조건식이 올 자리이다. 조건식에서 true 또는 false를 반환하는 논리 연산자나 관계 연산자가 사용 가능하다. a가 b보다 클 경우에 조건식은 참(true)이 되고, 바로 다음의 중괄호 영역의 프로그램 문장을 실행시킨다. 만약에 b가 a보다 크다면 거짓(false)이 되어 이 조건문은 무시하고 넘어간다.

```
// ConsoleApplication13.cpp: 콘솔 응용 프로그램의 진입점을 정의합니다.
//

#include "stdafx.h"

int main()
{
    int a = 50, b = 51;

    if (a < b)
        printf("b가 a보다 큽니다.\n");
    if (a > b)
        printf("a가 b보다 큽니다.\n");

    getchar();
    return 0;
}
```

정수형 변수 a와 b라는 변수가 선언과 동시에 50과 51이란 값으로 각각 초기화된다. 다음의 if문은 a와 b의 크기를 비교하는 연산자가 조건식으로 기입되었다. b가 a보다 크므로 결과에서 "b가 a보다 큽니다."라고 출력된다. if문의 조건에 해당하는 실행 코드가 1줄이면 중괄호는 생략해도 된다.

위 코드는 문법상으론 에러가 없다. 하지만 2개의 if문은 논리적으로 올바르지 못한 사용이다.

b가 a보다 크다면 a가 b보다 작다는 말이 된다. 즉, b가 a보다 크다면 a가 b보다 큰지 아닌지 가려내는 아래의 if문은 쓸모가 없다.

이 경우에는 else문을 이용하면 조건문을 쉽게 구현할 수 있다.

```
// ConsoleApplication13.cpp: 콘솔 응용 프로그램의 진입점을 정의합니다.
//

#include "stdafx.h"

int main()
{
    int a = 50, b = 51;

    if (a < b)
        printf("b가 a보다 큽니다.₩n");
    else
        printf("a가 b보다 큽니다.₩n");

    getchar();
    return 0;
}
```

위 예제에는 논리적 에러가 아직 남아 있다. if문의 조건식인 a 〈 b를 역으로 바꾸게 되면 a 〉= b가 된다. 프로그램에서 a와 b가 서로 같아도 “a가 b보다 큽니다.”가 출력된다. 이 에러는 else if문을 사용하면 쉽게 해결이 된다.

```
// ConsoleApplication13.cpp: 콘솔 응용 프로그램의 진입점을 정의합니다.
//

#include "stdafx.h"

int main()
{
```

```
    int a = 50, b = 51;

    if (a < b)
        printf("b가 a보다 큽니다.₩n");
    else if(a==b)
        printf("a와 b는 서로 같습니다.₩n");
    else
        printf("a가 b보다 큽니다.₩n");

    getchar();
    return 0;
}
```

2) switch, label, break

switch문은 if문과 달리 여러 조건식의 결과를 검사할 때 사용된다. 예를 들어 조건식이 a%2이고 a가 홀수인지 짝수인지 구별하는 프로그램을 만든 경우에는 a를 2로 나눴을 때 나머지 값이 0이냐, 1이냐에 따라 나뉘는데 만약 0이라면 case 0:으로 이동하여 그 영역에 있는 문장을 실행시키고 break문을 만나 탈출합니다. 1이면 case 1:로 이동한다. 참고로 switch문은 정수 형식과 문자, 문자열 형식만을 지원한다.

C언어에서는 break문이 없으면 그 아래 영역까지 모조리 실행된다. 이 break문은 우리가 작성한 코드를 실행하고 그 영역을 빠져나오기 위해서 작성해 주는 문장이다. 나중에 반복문에서도 적용된다. 아래는 문자열을 검사하여 해당 부분으로 이동하는 예제이다.

열거형은 enum 키워드를 사용하여 정의하며 열거, 목록을 뜻하는 enumeration의 접두어다. 열거형은 정의만 해서는 사용을 할 수가 없다. 따라서 열거형도 변수로 선언해서 사용한다. 열거형으로 요일을 정의한 다음 내용을 소스 코드 편집창에 입력한 뒤 실행해 보자.

```
// ConsoleApplication14.cpp: 콘솔 응용 프로그램의 진입점을 정의합니다.
//

#include "stdafx.h"
```

```
enum DayOfWeek {                    // 열거형 정의
    Sunday = 0,                     // 초깃값 할당
    Monday,
    Tuesday,
    Wednesday,
    Thursday,
    Friday,
    Saturday
};

int main()
{
    enum DayOfWeek week;            // 열거형 변수 선언

    week = Tuesday;                 // 열거형 값 할당

    switch (week)
    {
    case Sunday:
        printf("일요일₩n");
        break;
    case Monday:
        printf("월요일₩n");
        break;
    case Tuesday:
        printf("화요일₩n");
        break;
    case Wednesday:
        printf("수요일₩n");
        break;
    case Thursday:
        printf("목요일₩n");
        break;
    case Friday:
        printf("금요일₩n");
        break;
    case Saturday:
```

```
        printf("토요일₩n");
        break;
    default:
        printf("아무 요일에도 해당하지 않습니다.₩n");
        break;
    }

    getchar();
    return 0;
}
```

실습 과제 3 조건문

실습 과제 3에서는 사용자로부터 연도를 입력받아서 육십간지 표현으로 출력하는 프로그램을 구현해 보겠다. 육십간지란 10간(干) “갑, 을, 병, 정, 무, 기, 경, 신, 임, 계”와 12지(支) “자, 축, 인, 묘, 진, 사, 오, 미, 신, 유, 술, 해”를 결합하여 만든 60개의 간지이다.

```
// ConsoleApplication15.cpp: 콘솔 응용 프로그램의 진입점을 정의합니다.
//

#include "stdafx.h"

int main()
{
    int kan_ji;
    char kan_ji10[4], kan_ji12[4];
    printf("연도입력 :");
    scanf("%d", &kan_ji);

    // 10간
    switch (kan_ji % 10) //==>10으로 나누어진 나머지 사용
    {
    case 4:
        sprintf(kan_ji10, "%s", "갑");
        break;
    case 5:
        sprintf(kan_ji10, "%s", "을");
        break;
    case 6:
        sprintf(kan_ji10, "%s", "병");
        break;
    case 7:
        sprintf(kan_ji10, "%s", "정");
        break;
    case 8:
        sprintf(kan_ji10, "%s", "무");
```

```
        break;
    case 9:
        sprintf(kan_ji10, "%s", "기");
        break;
    case 0:
        sprintf(kan_ji10, "%s", "경");
        break;
    case 1:
        sprintf(kan_ji10, "%s", "신");
        break;
    case 2:
        sprintf(kan_ji10, "%s", "임");
        break;
    case 3:
        sprintf(kan_ji10, "%s", '계');
        break;
    }

    // 12지
    switch (kan_ji % 12) //지를 구하기 위해 12의 나머지 계산
    {
    case 4:
        sprintf(kan_ji12, "%s", "자");
        break;
    case 5:
        sprintf(kan_ji12, "%s", "축");
        break;
    case 6:
        sprintf(kan_ji12, "%s", "인");
        break;
    case 7:
        sprintf(kan_ji12, "%s", "묘");
        break;
    case 8:
        sprintf(kan_ji12, "%s", "진");
        break;
    case 9:
        sprintf(kan_ji12, "%s", "사");
```

```
        break;
    case 10:
        sprintf(kan_ji12, "%s", "오");
        break;
    case 11:
        sprintf(kan_ji12, "%s", "미");
        break;
    case 0:
        sprintf(kan_ji12, "%s", "신");
        break;
    case 1:
        sprintf(kan_ji12, "%s", "유");
        break;
    case 2:
        sprintf(kan_ji12, "%s", "술");
        break;
    case 3:
        sprintf(kan_ji12, "%s", "해");
        break;
    }

    // 결과 출력
    printf("%d 년은 %s %s년 입니다.", kan_ji, kan_ji10, kan_ji12);

    getchar();
    return 0;
}
```

먼저 사용자로부터 연도를 입력받고 이를 10으로 나눈 나머지 값으로 간의 값을 찾아서 kan_ji10 변수에 입력한다. 다음은 12로 나눈 나머지 값에 해당하는 지의 값을 kan_ji12에 저장한다. 프로그램의 마지막 루틴에서 kan_ji10과 kan_ji12의 값을 연결하여 출력한다.

위의 프로그램을 실행하면 아래 그림과 같이 연도를 입력하기를 기다리는 화면이 출력된다. 2018년을 입력하게 되면 해당하는 간지를 계산하여 "무술년"이라 출력을 하게 된다.

〈그림 I-8〉 연도 입력 대기 화면

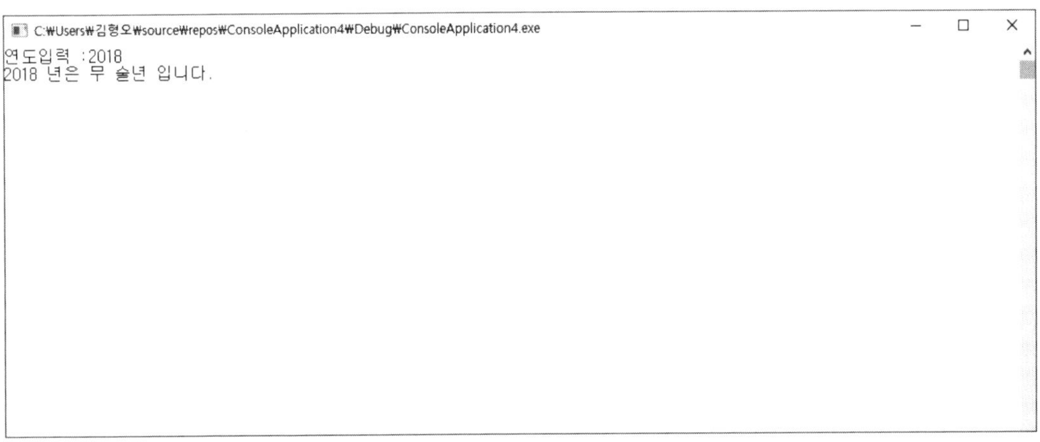

〈그림 I-9〉 입력받은 연도에 해당하는 간지로 출력

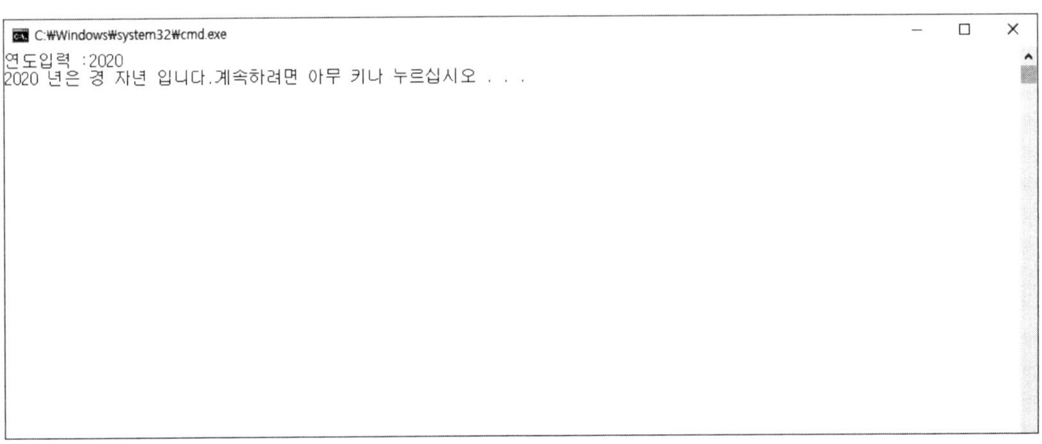

4. 반복문

1) while

반복문이란 특정 조건을 만족할 때까지 계속 반복하여 실행하는 명령이다. 먼저 while문의 기본 형태는 조건식의 if문과 마찬가지로 조건식에 true 또는 false가 반환되어야 한다. while문의 특징은 조건식이 참일 때 동안 계속해서 반복하여 루프 안의 프로그램을 실행하는 것이다. 만약 조건식이 참이라면 루프를 빠져나오지 못하고 계속 반복하게 되는 무한 루프로 동작하게 된다.

아래 예제는 정수형 변수 num을 선언과 동시에 1로 초기화시킨다. while의 조건식은 num이 10보다 작거나 같을 동안 참이 된다. num의 값을 출력 후 num++을 통해 num의 값이 1만큼 증가한다.

```
// ConsoleApplication16.cpp: 콘솔 응용 프로그램의 진입점을 정의합니다.
//

#include "stdafx.h"

int main()
{
    int num = 1;

    while (num <= 10)
    printf("num: %d₩n", num++);

    getchar();
    return 0;
}
```

2) do ~ while

do~while 조건문이 while문과 다른 점은 먼저 루프 안의 프로그램을 실행한 다음에 조건식을 검사하는 것이다. 즉, do~while문을 사용하면 조건식을 참, 거짓과 관계없이 루프 안의 프로그램이 한번은 실행이 된다. 프로그램을 개발하다 보면 먼저 루프를 실행하고 나중에 조건을 판단하는 do~while문이 필요할 때가 있다.

```
// ConsoleApplication17.cpp: 콘솔 응용 프로그램의 진입점을 정의합니다.
//

#include "stdafx.h"

int main()
{
	int num = 1;

	do
	{
	printf("num: %d₩n", num++);
	} while (num <= 10);

	getchar();
	return 0;
}
```

3) for

for문은 while문과 같이 특정 조건을 만족할 때까지 루프 안의 프로그램을 반복 실행할 때에 쓰인다. for문은 while문보다 사용이 쉽고, 초기화 부분과 증감 부분이 모여 있다. for문의 조건항은 3가지 식으로(초기식, 조건식, 증감식) 구성된다. 여기서 초기식은 반복을 실행하기 전 반복문에서 사용될 변수를 초기화하는 식이다. 조건식은 반복 여부를 결정하며, 증감식은 루프를 반복 할 때마다 어느 변수의 값을 감소시키거나 증가시키는 식이다.

```
// ConsoleApplication18.cpp: 콘솔 응용 프로그램의 진입점을 정의합니다.
//

#include "stdafx.h"

int main()
{
    for (int num = 1; num <= 10; num++)
    printf("num: %d₩n", num);

    getchar();
    return 0;
}
```

예제의 for문 초기식에 num이란 변수가 선언되면서 1로 초기화된다. 선언된 num 변수는 for문이 끝나면 알아서 소멸한다. 조건식은 num이 10보다 작거나 같으면 true를 입력하고 반복 루프 안의 프로그램을 실행한 후에 증감식으로 넘어가 num의 값을 1만큼 증가한 뒤에 조건식을 검사하고 루프가 실행되고 증감식으로 넘어가는 것을 반복한다.

4) 무한 루프

무한 루프란 끝없이 루프 내 프로그램을 실행하는 것을 의미한다. 프로그램의 버그로 중간에 무한 루프가 발생하면, 메모리가 빠르게 증가하여 자칫하면 프로그램이 먹통이 되어 종료될 수 있다. 무한 루프는 사용자로부터 특정 문자가 입력되면 루프를 종료하는 것처럼 계속 반복되다가 특정한 조건을 만족하면 빠져나오게 할 수도 있다.

예제를 보면, while문의 조건식이 참(true)이기 때문에 루프는 계속 반복 수행되게 된다. while문 루프 내 프로그램을 보면 사용자에게 입력받은 값을 line 변수에 저장하는 부분과 end가 입력되면 루프를 빠져나오는 부분과, 문자열을 숫자로 변환하여 sum에 더하는 부분으로 구성된다. 실행 후 입력값으로 457, 100, 422, 14, 33, 'end'를 입력하면 457+100+422+14+33의 결과인 1,026이 출력된다.

```
// ConsoleApplication19.cpp: 콘솔 응용 프로그램의 진입점을 정의합니다.
//

#include "stdafx.h"
#include <string.h>
#include <stdlib.h>

int main()
{
    int sum = 0;

    while (true)
    {
    printf("수를 입력하세요: ");
    char line[5];
    scanf("%s", line);
    if (strcmp(line, "end")==0)       break; // end가 입력되면 무한 루프를 빠져나온다.
    sum += atoi(line); // 문자열을 숫자로 변환한다!
    }

    printf("지금까지 입력된 수를 모두 더합니다: %d₩n", sum);
    return 0;
}
```

실습 과제 4 반복문

실습 과제 4에서는 사용자로부터 입력받은 행 개수를 입력받아서 *모양을 다이아몬드 형태로 출력하는 과제이다. 코드를 살펴보면 먼저 scanf 함수를 통해 사용자로부터 입력받은 값을 정수형으로 변환하여 m변수에 저장한다.

중첩된 for문이 크게 2개로 구성되어 있다. 앞 부분의 for문은 다이아몬드의 윗부분을 출력하고 뒷부분의 for문은 다이아몬드의 아랫부분을 출력한다. 중첩 for문의 안에는 if 조건문을 통해서 공백 또는 *을 선택적으로 출력하게 된다.

```
// ConsoleApplication20.cpp: 콘솔 응용 프로그램의 진입점을 정의합니다.
//

#include "stdafx.h"

int main()
{
    int m;
    printf("행갯수 : ");
    scanf("%d", &m);
    for (int i = 1; i <= m; i++)
    {
        for (int j = 1; j <= 2 * m - 1; j++)
        {
            if (m - i + 1 <= j && j <= m + i - 1)
            {
                printf("*");
            }
            else
            {
                printf(" ");
            }
        }
        printf("₩n");
    }
```

```
    for (int i = 1; i <= m; i++)
    {
        for (int j = 1; j <= 2 * m - 1; j++)
        {
            if (i + 1 <= j && j <= 2 * m - i - 1)
            {
                printf("*");
            }
            else
            {
                printf(" ");
            }
        }
        printf("₩n");
    }

    getchar();
    return 0;
}
```

위의 코드를 실행하게 되면 사용자로부터 다이아몬드의 크기를 입력받기 위해서 대기하는 프롬프트를 확인할 수 있다. 행수를 입력하면 아래 그림과 같이 다이아몬드 형의 *표를 출력하게된다.

〈그림 I-10〉 행 개수를 입력받아서 다이아몬드를 출력한 결과 화면

5. 함수

1) Function

함수를 간단히 나타내자면, 이어지는 프로그램들을 묶어 놓은 프로그램 블럭이다. 아래는 제곱 후 결과물을 출력하는 기능을 가진 함수이다. square라는 함수의 파라미터 a변수를 통해 값을 넘겨주고, 이 a 변수를 가지고 제곱하여 출력하는 코드이다.

```
void square(int a) {
    printf("%d*%d=%d", a, a, a*a);
}
```

반환 형식은 메소드의 결과에 따라 틀리다. 반환되는 데이터의 형식이 int형이라면, int를 써야하며 double형이라면 double을 반환 형식에다 적어 주어야 한다. 만약 반환값이 없으면 void를 사용한다.

```
// ConsoleApplication21.cpp: 콘솔 응용 프로그램의 진입점을 정의합니다.
//

#include "stdafx.h"

int Division(int a, int b)
{
    return a / b;
}

int main()
{
    printf("%d", Division(40, 10));

    getchar();
    return 0;
}
```

13행의 Division라는 메소드는 두 정수를 매개변수로 받아 40이란 값은 매개변수 a에 저장되고, 10이란 값은 매개변수 b에 저장된다. 이 a, b를 이용하여 결과를 만들어 호출부로 반환(return)한다. return에서 4라는 값을 호출된 부분으로 반환한다. 주의할 점은 return은 맨 마지막에서만 등장하는 것이 아니라 코드의 중간에서도 등장할 수 있다. 또한, return 키워드를 만나게 되면 메소드에서 빠져나오게 된다.

2) Call by value vs Call by reference

아래 예제에서는 두 매개변수의 값을 교환하는 Swap 함수를 추가하였다. Swap 함수의 내용은 값을 임시로 담아둘 temp 변수를 선언하고 값을 b의 값으로 초기화시키고 b에 a의 값을 할당한다. 그리고 a에는 temp(원래 b의 값)를 넣는다. 즉, a와 b의 값을 서로 바꿔 버리는 기능을 한다. 여기서 이렇게 매개변수를 변수의 값으로 가져온 경우를 Call by value(값의 복사에 의한 함수의 호출)이라고 부른다.

```
// ConsoleApplication22.cpp: 콘솔 응용 프로그램의 진입점을 정의합니다.
//

#include "stdafx.h"

void Swap(int a, int b)
{
    int temp = b;
    b = a;
    a = temp;
}

int main()
{
    int a = 40;
    int b = 10;
```

```
    printf("Swap before: a=%d, b=%d", a, b);

    Swap(a, b);

    printf("Swap after: a=%d, b=%d", a, b);

    getchar();
    return 0;
}
```

15행에서 정수형 변수 a와 b가 선언되었으며 그와 동시에 40과 10으로 각각 초기화되었다. a, b 값을 출력한 뒤에 Swap 함수가 실행되고 a, b의 값을 출력한다. 그러나 Swap 함수가 실행되었음에도 불구하고 a와 b의 값은 바뀌지 않았다.

함수의 매개변수로 변수를 전달할 때, 매개변수 a와 b는 변수 a와 b를 지칭하는 것이 아니라 변수 a와 b의 값을 매개변수 a와 b로 복사한다. 즉, 매개변수 a, b와 변수 a, b는 서로 별개이며, 다른 메모리 공간을 사용한다. 결과적으로 매개변수 a와 b의 값이 서로 바뀌었을 뿐, 변수 a와 b의 값은 바뀌지 않는다.

위와 같은 문제를 해결하기 위해 Call by reference(참조에 의한 호출)로 메소드를 호출해야만 한다. Call by reference는 Call by value와는 달리, 변수의 주소 값을 매개변수로 전달한다.

```
// ConsoleApplication22.cpp: 콘솔 응용 프로그램의 진입점을 정의합니다.
//

#include "stdafx.h"

void Swap(int* a, int* b)
{
    int temp = *b;
    *b = *a;
    *a = temp;
}

int main()
```

```
{
    int a = 40;
    int b = 10;

    printf("Swap before: a=%d, b=%d", a, b);

    Swap(&a, &b);

    printf("Swap after: a=%d, b=%d", a, b);

    getchar();
    return 0;
}
```

앞서 예제와 비교하면 &, *키워드를 사용하여 매개변수를 참조 형식으로 사용한다. 메소드의 선언, 호출 부분에 &, *키워드를 사용하면 Call by reference로 매개변수를 사용할 수 있다. 결과를 보면 a와 b의 값이 서로 바뀐 것을 확인할 수 있다.

6. 오버로딩과 오버라이딩

C++에선 함수명을 중복하여 다르게 구현하는 함수 오버로딩을 지원한다. 같은 함수명에 매개변수만 다르게 하여 매개변수의 데이터 형식, 수에 따라 그에 맞는 코드를 실행할 수 있게 함수를 여러 개 정의하는 것을 함수 오버로딩이라 하며 아래 프로그램은 오버로딩의 예이다.

```
int Add(int a, int b) {
    printf("두 int형 끼리의 덧셈");
    return a + b;
}

int Add(double a, double b) {
    printf("두 double형 끼리의 덧셈");
    return a + b;
```

```
}

int Add(int a, int b, int c) {
    printf("세 int형 끼리의 덧셈");
    return a + b + c;
}
```

예제에는 같은 함수명인데도 불구하고 매개변수의 자료 형식이 다르거나 매개변수의 개수를 달리하여 3가지 종류의 함수를 선언하였다.

```
// ConsoleApplication23.cpp: 콘솔 응용 프로그램의 진입점을 정의합니다.
//

#include "stdafx.h"

static int Add(int a, int b)
{
    printf("두 int형 끼리의 덧셈₩n");
    return a + b;
}

static double Add(double a, double b)
{
    printf("두 double형 끼리의 덧셈₩n");
    return a + b;
}

static int Add(int a, int b, int c)
{
    printf("세 int형 끼리의 덧셈₩n");
    return a + b + c;
}

int main()
{
```

```
    printf("%d", Add(50, 10));
    printf("%f", Add(544.2, 63.2));
    printf("%d", Add(4, 7, 9));

    getchar();
    return 0;
}
```

위 예제의 27행을 보면, Add 함수가 세 번 사용되었으며 결과가 서로 다르게 출력됨을 확인할 수 있다. 6행에 있는 Add 함수는 두 정수가 매개변수로 사용될 때 호출되고, 12행에 있는 Add 함수는 두 실수가 매개변수로 사용될 때 호출되며, 18행에 있는 Add 메소드는 세 정수가 넘어올 때 호출된다.

실습 과제 5 오버라이딩(Overriding)과 오버로딩(Overloading)

실습 과제 5에서는 클래스의 오버라이딩(Overriding)과 오버로딩(Overloading)에 대해 실습 과제를 만들어 보겠다. 먼저 아래 프로그램에서 class A와 class B를 보면 클래스 B는 A를 상속받는다. 메소드 FuncB()는 클래스 A에서는 virtual로 선언되었으며 클래스 B에서는 override되어 있음을 확인할 수 있다.

이제 Main 함수를 보면 a.FuncB()를 실행하면 결과는 A.FuncB가 출력되어야 하지만 virtual과 override 키워드로 인해 오버라이딩 되었기 때문에 B.FuncB가 출력되게 된다.

클래스 C는 4개의 FuncA 메소드가 같은 메소드명으로 선언이 되어 있다. 단지 4개의 메소드는 매개변수가 모두 다르기에 main 함수에서 호출할 때도 매개변수를 통해서 서로 다른 메소드를 구분하여 호출할 수 있다.

```
// ConsoleApplication24.cpp: 콘솔 응용 프로그램의 진입점을 정의합니다.
//

#include "stdafx.h"
#include <iostream>

using namespace std;

class A
{
public:
    void FuncA()
    {
    cout << "A.FuncA()₩n";
    }
    virtual void FuncB()
    {
    cout << "A.FuncB()₩n";
    }
};
```

```
class B : public A
{
public:
    void FuncA()
    {
    cout << "B.FuncA()₩n";
    }
    void FuncB()
    {
    cout << "B.FuncB()₩n";
    }
};

class C
{
public:
    void FuncA(int a1)
    {
    cout << a1 <<"₩n";
    }
    void FuncA(float a1)
    {
    cout << a1 << "₩n";
    }
    void FuncA(int a1, int a2)
    {
    cout << a1 << " " << a2 << "₩n";
    }
    void FuncA(int a1, int a2, float a3)
    {
    cout << a1 << " " << a2 << " " << a3 << "₩n";
    }
};

int main()
{
    // Overriding
```

```
    B b;
    A a = b;

    a.FuncA();
    a.FuncB();

    b.FuncA();
    b.FuncB();

    //Overloading
    C c;
    c.FuncA(10);
    c.FuncA(10.5f);
    c.FuncA(10, 20);
    c.FuncA(10, 20, 30.5f);

    getchar();
    return 0;
}
```

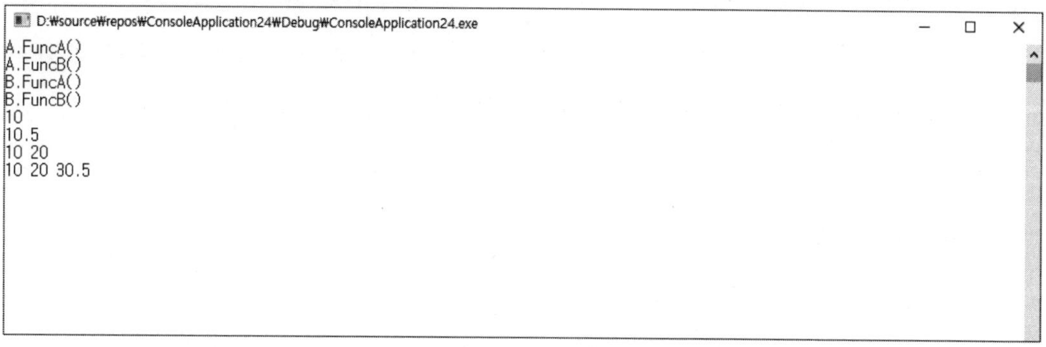

〈그림 I-11〉 오버라이딩과 오버로딩 실행 결과 화면

위 프로그램을 실행하면 먼저 오버라이딩에 관한 4줄의 실행 결과가 출력된다. 다음은 4개의 서로 다른 FuncA() 메소드를 매개변수를 바꿔가면서 호출한 결과를 출력한다.

7. 배열

1) 배열(Array)

배열이란, 동일한 타입의 변수를 모아 놓은 데이터 집합이다. 비슷한 성격의 변수를 여러 번 선언하고, 사용할 때에 각 변수에 접근하여 값을 얻어내는 것은 매우 불편하다. 하지만 배열을 사용게 되면 여러 개의 데이터를 다루게 될 때 유용하게 사용할 수 있다.

배열에 접근할 때는 첨자값(index, 인덱스)을 사용하며 첨자값은 항상 0부터 시작한다. 아래는 첨자값으로 각 배열 요소에 접근하여 그 값을 출력시키는 예제이다.

```
...
printf("reading[0]=%d", reading[0]);
printf("reading[1]=%d", reading[1]);
printf("reading[2]=%d", reading[2]);
...
```

아래 예제의 11행 reading이라는 이름의 int형 배열이 6개의 메모리로 선언되었다. 그리고 각각 4, 9, 1, 0, 21, 12란 값으로 초기화되었다. 13행은 for 반복문으로 reading의 크기만큼 반복하며 루프 내 프로그램을 실행한다. 14행은 배열의 각 인덱스별로 값을 출력한다.

```
// ConsoleApplication25.cpp: 콘솔 응용 프로그램의 진입점을 정의합니다.
//

#include "stdafx.h"
#include <iostream>

using namespace std;

int main()
{
    int reading[] = { 4, 9, 1, 0, 21, 12 };

    for (int i = 0; i < 6; i++)
```

```
    cout << "reading[" << i << "]=" << reading[i] << "₩n";

    getchar();
    return 0;
}
```

2) 다차원 배열(Multidimensional Array)

앞서 설명한 배열은 인덱스가 1개인 1차원 배열이었다. 다차원 배열은 배열의 인덱스가 2개 이상으로 배열의 요소를 쉽게 접근할 수 있다. 2차원 배열은 1차원 배열과는 달리 2개의 인덱스를 사용하게 되며 바둑판을 상상하듯이 각 인덱스가 가로와 세로를 지칭한다고 생각해도 된다.

1차원 배열의 요소에 접근하는 방법과 2차원 배열의 요소에 접근하는 방법은 비슷하다. 3열 2행에 있는 값을 가져오고 싶다면, student[2][1]라고 하면 된다. 아래 예제는 2차원 배열을 다루는 예제이다.

12행의 reading은 2차원 배열이 선언됨과 동시에 초기화를 하였다. for문은 중첩되어 있다. 그리고 반복하면서 각 요소의 값을 출력시키고 프로그램이 종료된다.

```
// ConsoleApplication26.cpp: 콘솔 응용 프로그램의 진입점을 정의합니다.
//

#include "stdafx.h"
#include <iostream>

using namespace std;

int main()
{
    int reading[3][6] = { { 4, 9, 1, 0, 21, 12 },
      { 1, 4, 6, 0, 9, 5 },
      { 4, 4, 2, 4, 0, 0 } };

    for (int i = 0; i < 3; i++)
```

```
    for (int j = 0; j < 6; j++)
    cout << "reading[" << i << "][" << j << "] = "<< reading[i][j]<<"₩n";

    getchar();
    return 0;
}
```

실습 과제 6 버블 정렬

실습 과제 6에서는 버블 정렬을 배열을 이용하여 구현해 보도록 하겠다. 버블 정렬은 복잡도가 O(n·2)으로 상당히 느리지만, 코드가 단순하기 때문에 자주 사용된다. 원소의 이동이 거품이 수면으로 올라오는 듯한 모습을 보이기 때문에 명명된 이름이다.

```
// ConsoleApplication27.cpp: 콘솔 응용 프로그램의 진입점을 정의합니다.
//

#include "stdafx.h"
#include <iostream>

using namespace std;

int main()
{
    int a[10] = { 51, 64, 24, 8, 32, 634, 1, 510, 19, 10 };
    int _buf;
    int count = 0;
    bool check = true;


    while (true)
    {
    for (int i = 0; i < 9; i++)
    {
    if (a[i] > a[i + 1])
    {
    _buf = a[i];
    a[i] = a[i + 1];
    a[i + 1] = _buf;

    check = false;
    }
    }
```

```
    if (check)
    {
    break;
    }
    else
    {
    count++;
    check = true;
    }
    }
    cout << count << "차 정렬"<< "₩n";

    for (int i = 0; i < 10; i++)
    {
    cout << a[i] << "₩t";
    }

    getchar();
    return 0;
}
```

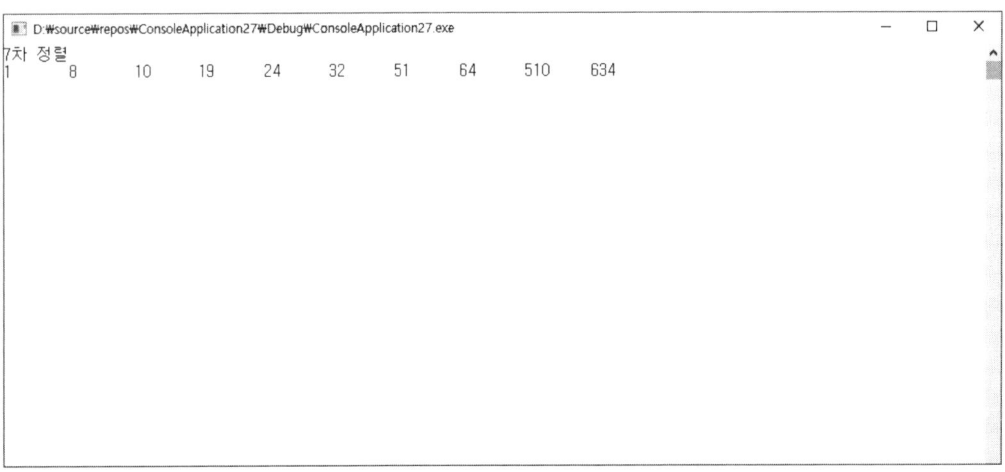

〈그림 I-12〉 버블 정렬 실행 화면

8. 클래스(Class)

1) 객체(Object)

C++은 객체 지향 프로그래밍 언어이며 객체(Object)는 핵심 중의 핵심이다. 우리 주위에서 객체는 쉽게 찾아볼 수 있다. 눈에 보이는 것 및 개념상으로 존재하는 것은 모두가 객체가 된다. 심지어 생각, 날씨 정보 등도 객체가 된다.

실세계의 모든 객체는 상태와 행동으로 표현할 수 있다. 전화기 예를 보면, 전화기의 색은 상태가 되고 전화기로 전화를 걸거나, 전화를 끊거나 하는 등의 동작은 행동이 된다. 또 자동차를 예로 들면 자동차의 속도 등이 상태가 될 수 있고, 속도를 올리거나 속도를 내리거나, 브레이크를 밟거나 하는 등의 동작은 행동이 된다.

C++ 프로그래밍에선 상태는 데이터(변수)로, 행동은 메소드로 정의할 수 있다. 즉, 객체는 데이터와 메소드로 구성된다. 붕어빵이라는 객체를 만들기 위해서는 붕어빵을 찍어낼 틀이 필요하다. 여기서 붕어빵을 찍어낼 틀은 클래스라고 할 수 있다. 붕어빵 틀(클래스)은 하나만 있어도 붕어빵(객체)을 여러 개 찍어낼 수 있다.

2) 클래스(Class)

불필요한 부분은 과감히 없애 버리고 중요한 부분에만 중점을 두어 간략화시킨 것을 추상화라 한다. 아래 예제에서는 개(Dog)를 추상화하여 클래스를 만들겠다.

```
// ConsoleApplication28.cpp: 콘솔 응용 프로그램의 진입점을 정의합니다.
//

#include "stdafx.h"
#include <string>
#include <iostream>

using namespace std;

class Dog
```

```
{
public:
    string name;
    string gender;
    string ownernames;
public:
    void Bark()
    {
    cout << name << " : 멍멍!" << "₩n";
    }
};

int main()
{
    Dog dog;
    dog.name = "멍멍이";
    dog.gender = "암";
    dog.ownernames = "형오";

    dog.Bark();

    cout << "개의 이름:"<< dog.name << ", 개의 성별: " << dog.gender << ", 개의
주인이름: " << dog.ownernames;

    getchar();
    return 0;
}
```

위 프로그램의 10행에 클래스 Dog가 선언된다. 클래스 내에는 개의 이름을 나타내는 필드, 성별을 나타내는 필드, 주인 이름을 나타내는 필드와 짖는 행동에 대한 메소드가 존재한다. 25행은 Dog 클래스로 dog라는 객체를 생성한다. 26~28행은 멤버 변수(필드와 같은 말)의 값을 초기화시키고 dog 객체 내 Bark라는 메소드를 호출한다. 이후 개의 이름, 개의 성별, 개의 주인 이름을 출력하고 프로그램을 종료한다.

3) 접근 제한자(Access Modifier)

접근 제한자는 public, protected, private가 있다. 아래 표를 통해서 접근 제한자별로 설명을 하였다.

구분	설명
private	클래스 내부에서만 접근이 가능합니다.
public	모든 곳에서 해당 멤버로 접근이 가능합니다.
protected	클래스 외부에서 접근할 수 없으나 파생 클래스에서는 접근이 가능합니다.

클래스 A 내에 B와 C라는 멤버 변수가 존재한다. A 클래스로 a 객체를 생성하고 이 객체로 B 변수에 접근을 한다. 이런 경우 컴파일을 할 때 에러가 발생한다.

```
class A
{
    int B;
    int C;

    ...
}

A a;
a.B = 1; // 보호 수준 에러!
```

클래스의 멤버에 접근 제한자를 수식하지 않으면 멤버의 보호 수준(접근 수준)은 무조건 private로 자동으로 지정된다. private로 지정되면 클래스 내부에서만 접근이 가능하기에 외부에서는 접근할 수 없다. 따라서 외부에서도 접근이 가능하게 멤버의 접근 수준을 public로 지정하면 더 이상 보호 수준 에러는 발생하지 않는다.

protected는 클래스 외부에서는 접근할 수 없지만 파생된 클래스에서 접근할 수 있는 특징이 있다.

4) this

this 키워드는 현재 Scope 내의 객체 자신을 지칭할 때 사용하는 키워드이다. 12~14행의 클래스의 이름과 같은 이름을 가진 메소드를 생성자라고 한다. 생성자는 객체를 생성할 때 객체의 멤버 변수를 원하는 값으로 초기화한다.

```
// ConsoleApplication30.cpp: 콘솔 응용 프로그램의 진입점을 정의합니다.
//

#include "stdafx.h"
#include <iostream>

using namespace std;

class A
{
private:
    int num;
public:
    A(int num)
    {
    this->num = num;
    }
    void Show()
    {
    cout << "num: " << num;
    }
};

int main()
{
    A a = A(50);
    a.Show();

    getchar();
    return 0;
}
```

5) 생성자(Constructor)

생성자는 객체를 생성할 때 호출되는 메소드이며, 소멸자는 객체를 소멸시킬 때 호출되는 메소드이다. 생성자의 선언 형식은 클래스의 이름과 메소드의 이름이 같다. 그리고 이 생성자는 '매개변수'도 가질 수 있으며, 반환되는 값도 없고, 반환 타입도 없다. 생성자는 객체 생성 시 호출되는 메소드이며, 우리가 따로 생성자를 구현해 주지 않아도 컴파일러에서 생성자를 직접 만들어 준다.

```
// ConsoleApplication31.cpp: 콘솔 응용 프로그램의 진입점을 정의합니다.
//

#include "stdafx.h"
#include <string>
#include <iostream>

using namespace std;

class Car
{
private:
    int maxSpeed;
    int speed = 0;
    string model;

public:
    Car(int maxSpeed, string model)
    {
    this->maxSpeed = maxSpeed;
    this->model = model;
    }
    void ShowCarInformation()
    {
    cout << model << "의 현재 속도: " << speed << "km/h, 최대 속도: " <<
maxSpeed << "km/h₩n";
    }
    void speedUp(int increment)
    {
    if (speed + increment > maxSpeed)
    cout << "최대 속도 " << maxSpeed << "km/h를 넘길 수 없습니다.₩n";
```

```
        else
        {
        speed += increment;
        cout << model << "의 현재 속도는 " << speed << "km/h 입니다.₩n";
        }
        }
        void speedDown(int decrement)
        {
        if (speed - decrement < 0)
        cout << "속도는 0 아래로 떨어질 수 없습니다.₩n";
        else
        {
        speed -= decrement;
        cout << model << "의 현재 속도는 " << speed << "km/h 입니다.₩n";
        }
        }
};

int main()
{
        Car car = Car(325, "람보르기니 가야르도");

        car.ShowCarInformation();
        car.speedUp(50);
        car.speedUp(40);
        car.speedUp(210);
        car.speedUp(30);

        getchar();
        return 0;
}
```

위 예제 프로그램에서 18~22행에 생성자가 매개변수로 정수형 값 하나와 문자열 값 하나를 가지고 선언되어 있다. 매개변수 maxSpeed의 값을 멤버 변수 maxSpeed에 넣고, 매개변수 model의 값을 멤버 변수 model에 할당한다. 그리고 49행에서 객체를 생성하면서 325란 값과, 람보르기니 가야르도라는 문자열 값을 할당한다. 생성자는 객체를 생성하면서 멤버 변수를 초기화하는 목적으로 사용한다. 또한, 생성자도 오버로딩이 가능하다.

```
// ConsoleApplication32.cpp: 콘솔 응용 프로그램의 진입점을 정의합니다.
//

#include "stdafx.h"
#include <iostream>

using namespace std;

class MyClass
{
public:
    MyClass()
    {
    printf("매개변수가 없는 디폴트 생성자₩n");
    }
    MyClass(int a)
    {
    printf("정수형 매개변수₩n");
    }
    MyClass(double d)
    {
    printf("실수형 매개변수₩n");
    }
};

int main()
{
    MyClass ma = MyClass();
    MyClass mb = MyClass(10);
    MyClass mc = MyClass(25.5);

    getchar();
    return 0;
}
```

28~30행의 ma, mb, mc 객체가 생성되면서 MyClass 생성자가 매개변수 타입과 수에 따라 실행되는 생성자를 바꿀 수 있다.

6) 소멸자(Desstructor)

소멸자는 생성자와 달리 가비지 컬렉터에 의해 객체가 소멸되는 시점을 판단하여 호출되는 메소드이다. 소멸자는 생성자와는 달리 상속되거나 오버로드 될 수도 없으며, 사용자가 호출할 수도 없다. 소멸자는 아래처럼 클래스의 이름 앞에 ~ 기호를 붙여서 사용한다. 아래는 소멸자에 관한 예제이다. 24행 소멸자 내에서 a, b, c 객체가 만들어진 뒤에 소멸하는 것을 확인할 수 있다.

```
// ConsoleApplication33.cpp: 콘솔 응용 프로그램의 진입점을 정의합니다.
//

#include "stdafx.h"
#include <string>
#include <iostream>

using namespace std;

class MyClass
{
private:
    string name;

public:
    MyClass(string name)
    {
    this->name = name;
    cout << name << "객체 생성!₩n";
    }

    ~MyClass()
    {
    cout << name << "객체 소멸!₩n";
    }
};

int main()
{
    MyClass ma = MyClass("a");
    MyClass mb = MyClass("b");
```

```
    MyClass mc = MyClass("c");

    return 0;
}
```

7) 클래스의 상속(Class inheritance)

상속이란 '일정한 친족적 관계가 있는 사람 사이에 한쪽이 사망하거나 법률상의 원인이 발생하였을 때 재산적 또는 친족적 권리와 의무를 계승하는 제도'로 사전적인 의미를 가진다. 객체 지향 프로그래밍에선 부모 클래스와 자식 클래스가 있다. 부모 클래스는 자식 클래스의 기반이 된다 하여 기반 클래스로 부르기도 하고, 자식 클래스는 부모 클래스로부터 파생되었다고 해서 파생 클래스로 부르기도 한다.

C++에서, 클래스를 다른 클래스로 상속하려면 클래스 이름 뒤에 콜론을 추가하고 상속하려는 클래스를 덧붙이면 된다. 부모 클래스를 상속받은 자식 클래스는 부모 클래스의 모든 멤버를 물려받게 된다. 한 가지 알아두어야 할 점은 private로 선언된 멤버는 상속이 불가능하다.

```
// ConsoleApplication34.cpp: 콘솔 응용 프로그램의 진입점을 정의합니다.
//

#include "stdafx.h"
#include <iostream>

using namespace std;

class Parent
{
public:
    int num;

public:
    Parent()
    {
    cout << "부모 클래스의 생성자가 호출되었습니다₩n";
```

```
    }
};

class Child : Parent
{
public:
    Child(int num)
    {
    this->num = num;
    cout << "자식 클래스의 생성자가 호출되었습니다.₩n";
    }
    void DisplayValue()
    {
    cout << "num의 값은 " << num << " 입니다.₩n";
    }
};

int main()
{
    Child cd = Child(20);
    cd.DisplayValue();

    getchar();
    return 0;
}
```

12행의 Parent 클래스 내에는 num이라는 멤버 변수와 생성자가 있다. 21행은 Parent를 Child 클래스에 상속시킨다. Child 클래스는 Parent 클래스의 데이터와 메소드를 물려받는다. Child 클래스 내부 생성자와 DisplayValue라는 메소드가 존재한다. 생성자는 매개변수를 받고 물려받은 멤버 변수 num을 매개변수의 값으로 초기화시킨다. 37~38행에서 객체를 생성하고 DisplayValue 메소드를 호출한다.

DisplayValue 메소드는 num의 값을 출력한다. 그리고 생성자의 호출 순서는 부모 클래스의 생성자가 먼저 호출되고, 자식 클래스의 생성자는 후에 호출된다. 반대로 소멸할 때에는 자식 클래스부터 소멸되고, 이어서 부모 소멸자가 소멸된다.

26행에서 this 키워드가 사용되었다. this 키워드를 사용하여 부모 클래스의 멤버 변수에 접근은 할 수 있으나, 만약 자식 클래스에도 num이라는 멤버 변수가 존재할 때는 this 키워드가 아닌 base 키워드를 사용한다.

실습 과제 7 상속

실습 과제 7에서는 클래스의 상속에 대해 실습 과제를 구현함으로써 생성자와 액세스 한정자를 좀더 자세히 알아보겠다. 승용차(Automobile)와 SUV 차량은 모두 Car로부터 상속을 받고 있다. 따라서 승용차와 SUV 차량은 모두 Car의 멤버 변수와 doStart, doStop의 멤버 메서드를 똑같이 가지고 있다. 실제 승용차 클래스와 SUV 클래스는 생성자에서 CarName 변수 하나만을 세팅하고 있지만, Main 메소드에서 보면 둘다 doStart와 doStop 메서드를 이용하는 것을 볼 수 있다. 이와 같이 부모 클래스의 멤버 변수와 멤버 메소드를 활용 가능하도록 해주는 것을 상속이라고 보면 된다.

상속받은 자식 클래스는 부모 클래스의 멤버들의 접근 권한에 따라 부모 클래스에 대해 접근이 가능하게 된다.

```
// ConsoleApplication35.cpp: 콘솔 응용 프로그램의 진입점을 정의합니다.
//

#include "stdafx.h"
#include <string>
#include <iostream>

using namespace std;

class Car
{
protected:
    bool IsEngineOn;
    bool EngineBreak;
    int SteeringWheel;
    string CarName = "";

public:
    Car()
    {
    }

    void doStart()
    {
```

```
        cout << "출발\n";
        }

        void doStop()
        {
        cout << "정지\n";
        }

        string GetName()
        {
        return CarName;
        }
};

class Automobile : public Car
{
public:
        Automobile()
        {
        CarName = "승용차";
        }
};

class SUV : public Car
{
public:
        SUV()
        {
        CarName = "SUV";
        }
};

int main()
{
        Automobile myCar1 = Automobile();
        cout << myCar1.GetName();
        myCar1.doStart();
        myCar1.doStop();

        SUV myCar2 = SUV();
        cout << myCar2.GetName();
        myCar2.doStart();
```

```
    myCar2.doStop();

    getchar();
    return 0;
}
```

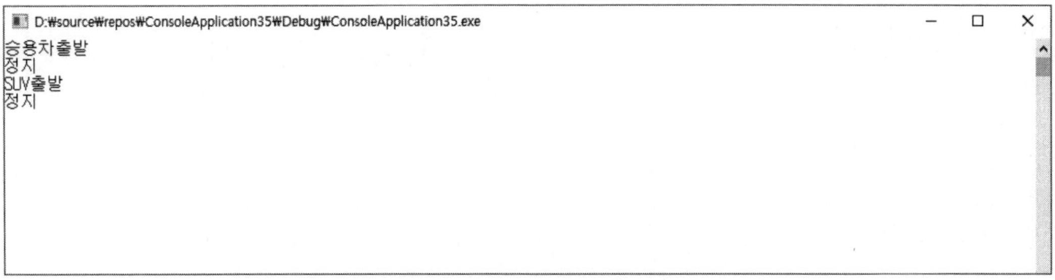

〈그림 Ⅰ-13〉 실행 결과 화면

실습 과제 8 다중 상속

실습 과제 8에서는 클래스 간의 다중 상속에 대해 실습 과제를 구현함으로써 상속의 계층 구조에 대해 자세하게 파악해 보겠다.

```
// ConsoleApplication36.cpp: 콘솔 응용 프로그램의 진입점을 정의합니다.
//

#include "stdafx.h"
#include <string>
#include <iostream>

using namespace std;

class Organic
{
public:
    bool IsAlive;
    bool IsHungry;
};

class Human : public Organic
{
public:
    int Height;
    int Weight;
public:
    void UseTool(string tool)
    {
    cout << "도구 " << tool <<" 을(를) 사용합니다.₩n";
    }
};

class Insect : public Organic
{
public:
    string Name;
};
```

```
class Ant : public Insect
{
public:
    void DischargingFormicAcid()
    {
    cout << "개미산 배출!₩n";
    }
    void MarkPheromone()
    {
    cout <<"페로몬 표시!₩n";
    }
    void Bite()
    {
    cout <<"깨물기!₩n";
    }
};

class BearAnt : public Ant
{
public:
    void BearAntInfo()
    {
    cout << "곰개미₩n";
    }
};

class HouseAnt : public Ant
{
public:
    void HouseAntInfo()
    {
    cout << "집개미₩n";
    }
};

int main()
{
    Human H = Human();
    BearAnt BA = BearAnt();
    HouseAnt HA = HouseAnt();
```

```
    H.UseTool("컴퓨터");

    BA.Bite();
    BA.BearAntInfo();

    HA.Bite();
    HA.HouseAntInfo();

    getchar();
    return 0;
}
```

위 예제에서 상속 관계는 아래와 같다.

```
+ Organic
    - Human
    + Insect
        + Ant
            - BearAnt
            - HouseAnt
```

따라서 Human 클래스는 Organic과 Human의 메소드, 멤버 변수 등의 접근은 가능하지만 Insect, Ant 등에는 접근이 불가하다. 마찬가지로 BearAnt는 Organic, Insect, Ant, BearAnt에 접근 가능하지만 HouseAnt와 Human에는 접근이 불가하다.

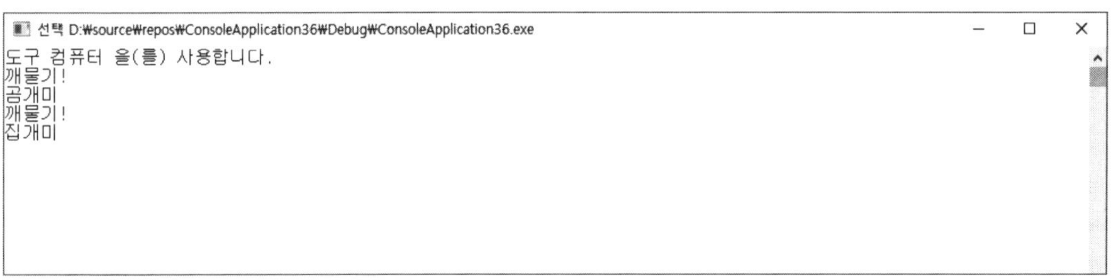

〈그림 I－14〉 실행 결과 화면

II. 윈도우즈 프로그래밍

단원 소개

윈도우 환경에서 순수 윈도우 프로그래밍, 즉 윈도우즈 API 응용 프로그램을 개발하는 것은 매우 번거로운 일이다.윈도우 운영 체제는 수천 가지나 되는 다양한 기능의 API 함수들을 제공한다. 개발자가 많은 함수를 모두 다 기억하기엔 정말 힘들고 어려운 일이다. 일일이 모든 기능을 처음부터 끝까지 학습하는 것 또한 굉장히 고난스러운 일이기 때문에 Microsoft에서는 API 함수를 각 기능별로 클래스화한 형태로 만든 것이 MFC(Microsoft Foundation Class)라고 할 수 있다. 본 챕터에서는 MFC 기반의 윈도우 응용 프로그램을 개발하고 이를 통해 키보드, 디스플레이, 네트워크 등을 제어함으로써 이후 OpenCV 라이브러리 사용을 위한 기본기를 쌓도록 하겠다.

The C Programming Language

01 MFC 프로그래밍

학습목표
1. MFC를 이해하고 설명할 수 있다.
2. MFC를 이용한 응용 프로그램을 구현할 수 있다.
3. 윈도우용 그래픽 프로그램을 구현할 수 있다.

1. MFC 소개

마이크로소프트사에서 윈도우즈 운영 체제를 개발하면서 응용 프로그램 개발 지원을 위해 제공하는 환경이 Win32API(Application Programing Interface)이다. 이것은 유닉스의 시스템 콜(System Call)과 유사한 개념으로 윈도우 운영 체제가 응용 프로그램을 위해 제공하는 각종 함수의 집합이다. Win32API는 윈도우즈 운영 체제를 활용하기 위해 더 없이 좋은 인터페이스지만 객체 지향 프로그래밍을 개발하기에는 역부족이었기에 마이크로소프트에서는 MFC(Microsoft Foundation Class)를 개발하였다. MFC는 C++언어가 제공하는 거의 모든 문법적인 요소들을 잘 적용하여 윈도우 API를 클래스화한 방대한 라이브러리이다.

윈도우즈 운영 체제상에서 응용 프로그램은 메시지 구동 구조로 동작한다. 메시지 구동 구조는 받는 메시지에 따라 실행 순서가 달라진다. 메시지를 받았을 때 동작을 결정하는 코드를 메시지 핸들러(Message Handler)라 부른다. 프로그래머는 키보드, 마우스, 메뉴와 같은 다양한 메시지 핸들러를 작성하게 된다. 그리고 메시지 핸들러의 집합을 윈도우 프로시저(Window Procedure)라 부르고 윈도우 운영 체제는 프로그램이 처리하지 않은 메시지를 자동으로 처리할 수 있도록 운영 체제

차원의 메시지 핸들러를 제공한다. 아래 그림은 방대한 MFC 라이브러리의 클래스 간 계층도에서 일부를 보여주고 있다. 최신 MFC에 대한 자세한 계층도가 필요할 경우 이곳(https://msdn.microsoft.com/ko-kr/library/ws8s10w4.aspx)에서 확인이 가능하다.

〈그림 II-1〉 MFC 라이브러리의 클래스 간 계층도 일부

2. MFC 프로젝트 생성

Visual Studio를 실행한뒤 상단 메뉴에서 "파일" -〉 "새로 만들기" -〉 "프로젝트"를 선택하면 아래 그림과 같은 팝업 윈도우가 생성된다. MFC 프로그래밍을 하기 위해 오른쪽 메뉴에서 "Visual C++"을 선택하고 가운데에서 "MFC 응용 프로그램"을 선택한다.

하단의 "이름"과 "위치"에 프로젝트 명과 프로젝트가 생성될 디렉터리 위치를 지정한 뒤 우측 하단의 확인 버튼을 누른다.

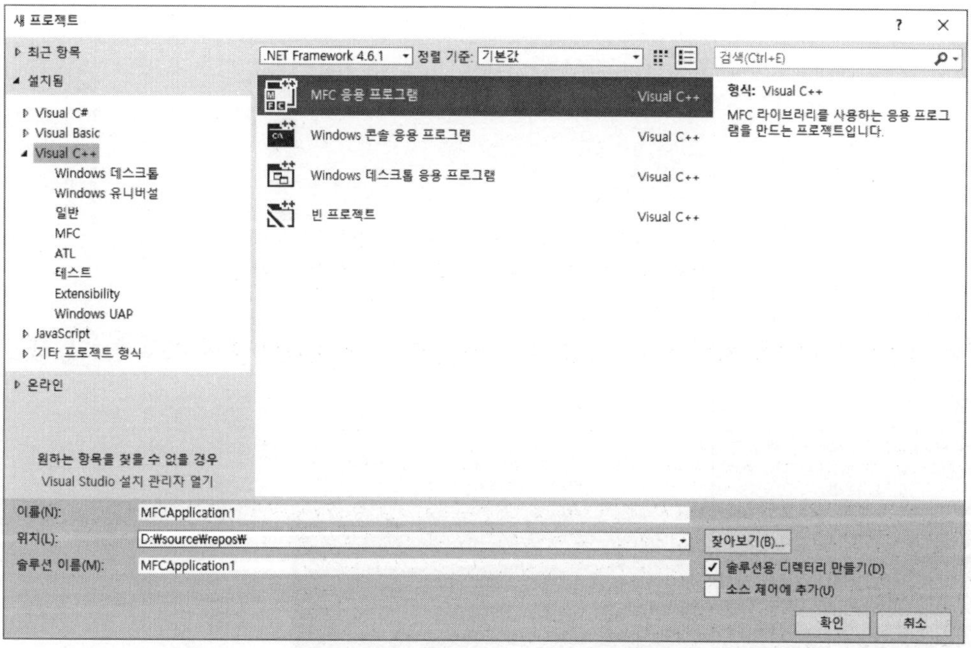

〈그림 Ⅱ-2〉 새 프로젝트 생성 팝업 윈도우

다음은 프로그램 종류를 선택하는 팝업이 열린다. 간단한 프로그램을 작성하므로 대화상자 기반을 선택한다. 단일 문서 방식(SDI)은 사용자에게 보여주는 인터페이스가 1종류인 경우이고, 다중문서 방식(MDI)은 1개 이상의 인터페이스를 제공한다.

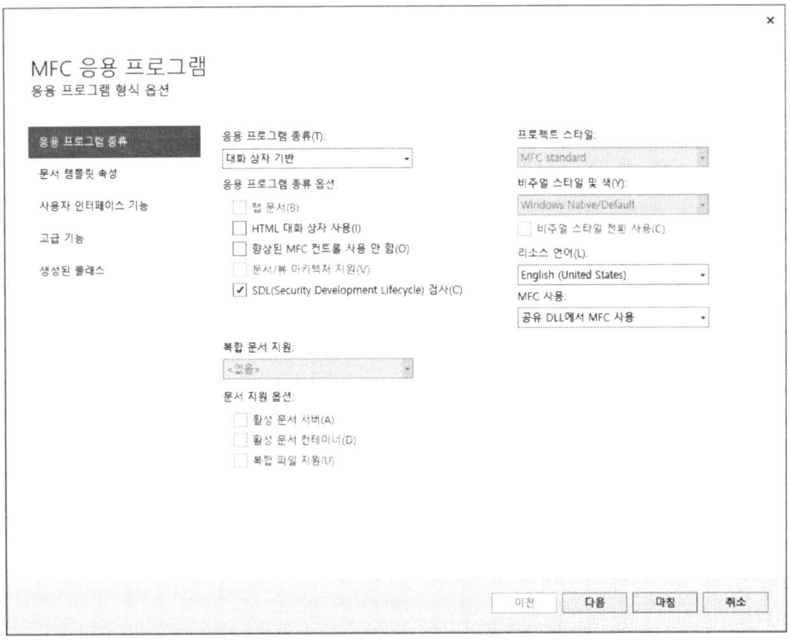

〈그림 Ⅱ - 3〉 MFC 응용 프로그램 종류 선택 팝업

이후 팝업에서 내용을 확인한 후 "확인" 버튼을 눌러 주면 아래와 같이 프로젝트가 생성된다.

〈그림 Ⅱ - 4〉 프로젝트 생성 후 비주얼 스튜디오 화면

3. MFC 프로그램의 구조

MFC는 윈도우즈 API 응용 프로그램의 메시지 처리와는 다른 메시지 처리 방식을 사용한다.

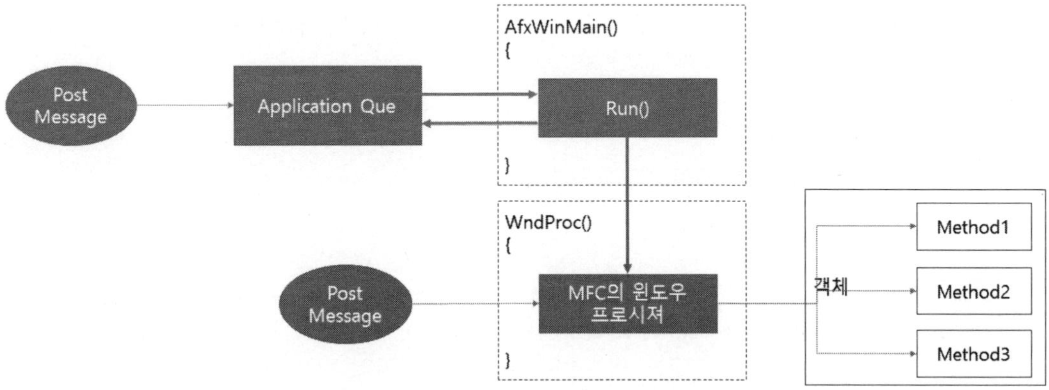

〈그림 Ⅱ－5〉 MFC 기반 윈도우 응용 프로그램 메시지 경로

위 그림을 보면 윈도우를 생성하고 출력하면 Run() 함수에 의해 애플리케이션 큐에서 메시지를 받아 온다. 그런 뒤 그 메시지를 WndProc(), 즉 윈도우 프로시저로 전달한다. 윈도우 프로시저에서는 메시지가 어느 객체에서 발생했는지를 분석하여 해당 객체로 메시지를 보낸다. MFC는 바로 이 부분까지는 자동으로 처리해 준다.

우리가 해줘야 할 부분은 메시지를 받은 객체가 메시지를 어떻게 처리할지 정의해 주는 것이다. 위 그림에서 객체에서 Msg1이 발생했을 때는 Method1()이, Msg2가 발생했을 때는 Method2()가 호출된다. 이렇게 메시지마다 함수를 대응시키는 작업을 Message mapping이라고 하며 총 3가지 단계로 구분된다.

1) Message Map 만들기

객체에서 메시지가 전달되면 이 메시지가 어떤 메시지인지 구분하여 해당 함수를 호출해야 하는데, 그 역할을 하는 곳이 Message map이다. Message map은 마치 함수처럼 선언, 정의를 해준다.

클래스 선언 부분의 마지막에 DECLARE_MESSAGE_MAP() 메크로를 사용하면 메시지 맵과 관려된 선언을 자동으로 생성해 준다. 만약 DECLARE_MESSAGE_MAP() 메크로 이후에 멤버를 선언할 경우 반드시 엑세스 타입(private, public...)을 새로 지정해 주어야 한다.

```
// CMFCApplication2Dlg 대화상자
class CMFCApplication2Dlg : public CDialog
{
// 생성입니다.
public:
    CMFCApplication2Dlg(CWnd* pParent = NULL);  // 표준 생성자입니다.

// 대화상자 데이터입니다.
#ifdef AFX_DESIGN_TIME
    enum { IDD = IDD_MFCAPPLICATION2_DIALOG };
#endif

    protected:
    virtual void DoDataExchange(CDataExchange* pDX);    // DDX/DDV 지원입니다.


// 구현입니다.
protected:
    HICON m_hIcon;

    // 생성된 메시지 맵 함수
    virtual BOOL OnInitDialog();
    afx_msg void OnSysCommand(UINT nID, LPARAM lParam);
    afx_msg void OnPaint();
    afx_msg HCURSOR OnQueryDragIcon();
    DECLARE_MESSAGE_MAP()
};
```

2) Map entry 등록

Map entry란 메시지 맵 안에 구체적으로 어떤 메시지를 어떤 함수에 연결할지를 정의하는 것이다. MFC에서는 매크로로 정의되어 있어 간단하게 사용할 수 있다. 아래 표에서 맵 엔트리에 있는 매크로만 아래에서 정의한 메시지 맵 사이에 넣어주면 된다. 그리고 나서 해당 클래스 안에서 함수를 정의해 주면 된다.

Map Entry	Message	Function
ON_WM_LBUTTONDOWN()	WM_LBUTTONDOWN	void OnLButtonDown(UINT, CPoint);
ON_WM_LBUTTONUP()	WM_LBUTTONUP	void OnLButtonUp(UINT, CPoint);
ON_WM_CLOSE()	WM_CLOSE	void OnClose();
ON_WM_KEYDOWN()	WM_KEYDOWN	void OnKeyDown(UINT, UINT, UINT);

3) Message Handler 추가

위에서 얘기했듯이 함수를 정의해야 하는데, 이 함수를 메시지 핸들러라고 한다. 함수이므로 당연히 클래스 안에 선언하고 클래스 외부에서 정의를 해줘야 한다. 함수 안에는 해당 메시지 발생 시 어떻게 동작할지에 대한 것을 정의하면 된다. 아래는 윈도우에서 기본적으로 정의된 메시지와 메시지가 발생하는 경우 및 기본 메시지 핸들러이다.

메시지 이름	의미	기본 메시지 핸들러 함수
WM_CREATE	윈도우가 생성될 때	OnCreate()
WM_ACTIVE	윈도우가 활성화될 때	OnActive()
WM_PAINT	윈도우가 다시 그려질 때	OnPaint()
WM_SIZE	윈도우 크기가 변경될 때	OnSize()
WM_MOVE	윈도우가 움직일 때	OnMove()
WM_TIMER	설정된 타이머 시간이 됐을 때	OnTimer()
WM_DESTROY	윈도우가 종료될 때	OnDestroy()

The C Programming Language

02 계산기 예제

학습목표

1. 다이얼로그 기반 응용 프로그램을 이해하고 설명할 수 있다.
2. 문자열과 숫자 간 형 변환을 응용할 수 있다.

비주얼 스튜디오는 윈도우 응용 프로그램을 제작하는 과정을 매우 단순하면서 직관적으로 구현해두었다. 특히 윈도우즈에서 기본적으로 사용되는 사용자 인터페이스인 버튼, 텍스트 박스 등을 컨트롤이라 지칭하며 다양하게 제공하고 있으며 이들을 이용하여 프로그래밍하는 과정 또한 매우 손쉽게 사용이 가능하다.

마이크로소프트사는 윈도우즈 운용 체제에 보조 프로그램으로 계산기를 지원하고 있다. 본 예제에서는 이 계산기와 유사한 계산기를 직접 만들어 볼 예정이며 이 과정을 통해 버튼, 텍스트 박스의 사용 방법을 익히도록 하겠다. 또한, MFC에서 제공하고 있는 CString 클래스의 형 변환 및 연산자를 활용하면서 객체 지향 프로그래밍의 강력한 기능을 엿보도록 하겠다.

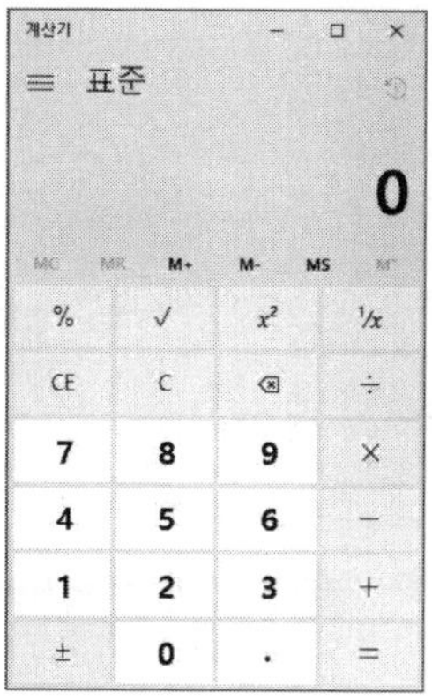

〈그림 Ⅱ - 6〉 윈도우즈10의 계산기 응용 프로그램

비주얼 스튜디오를 실행시킨 뒤 메뉴에서 “파일” -〉 “새로 만들기” -〉 “프로젝트”를 선택한 뒤 새 프로젝트 팝업 윈도우가 생성되면 좌측 템플릿 선택 공간에서 “Visual C++”을 선택하고 중앙에서 “MFC 응용 프로그램”을 선택한 후 아래 이름, 위치 공간에 적절한 예제 명과 디렉터리 위치를 선정한다.

MFC 응용 프로그램의 응용 프로그램 형식 옵션을 선택하는 화면에서 응용 프로그램 종류를 “대화상자 기반”으로 선택한다. 총 4가지 형태를 선정할 수 있는데 최종 생성되는 응용 프로그램의 뼈대 코드(Skeleton Code)의 형태를 규정짓는 중요한 옵션이다. 계산기 응용 프로그램은 별도의 문서를 작성하거나 다중 파일을 오픈하는 기능이 없기 때문에 “대화상자 기반”을 선택하였다.

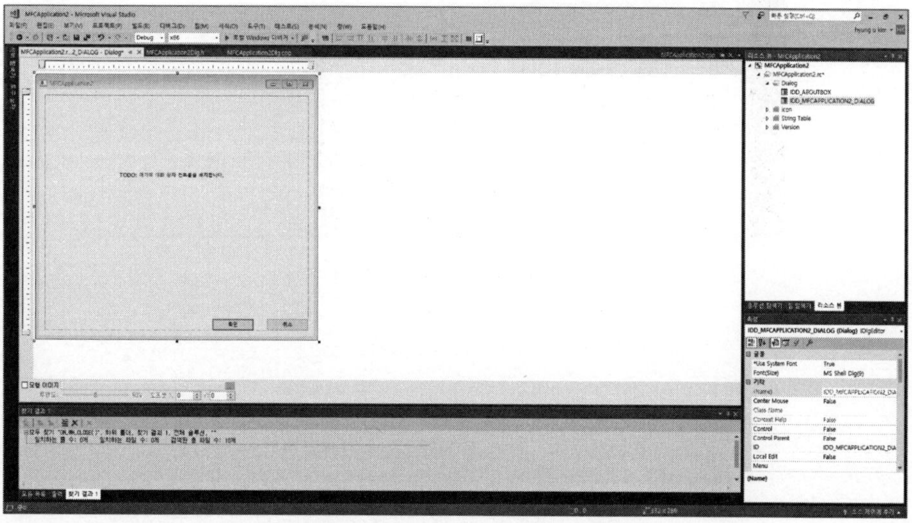

〈그림 Ⅱ - 7〉 리소스 편집기 화면

이후 옵션을 선택하는 화면에서는 기본 옵션으로 정의하고 “다음” 버튼을 누른뒤 최종적으로 “마침” 버튼을 누르면 위의 그림과 같이 프로젝트가 생성된다. 화면 오른쪽 상단의 “솔루션 탐색기”가 있는 윈도우에서 “리소스 뷰”를 선택한뒤 “Dialog” -> “IDD_MFCAPPLICATION2_DIALOG”를 선택하면 위 그림과 같이 윈도우 그림이 나타난다. 만약 “리소스 뷰” 메뉴가 안 보이는 경우는 “보기” -> “다른 창” -> “리소스 뷰”를 선택하면 된다.

화면에서 왼쪽에 보면 “서버 탐색기”, “도구 상자”와 같이 숨겨진 메뉴 버튼이 보이는데 이중 “도구상자”를 선택하면 아래 그림과 같이 “컨트롤”이 나타난다.

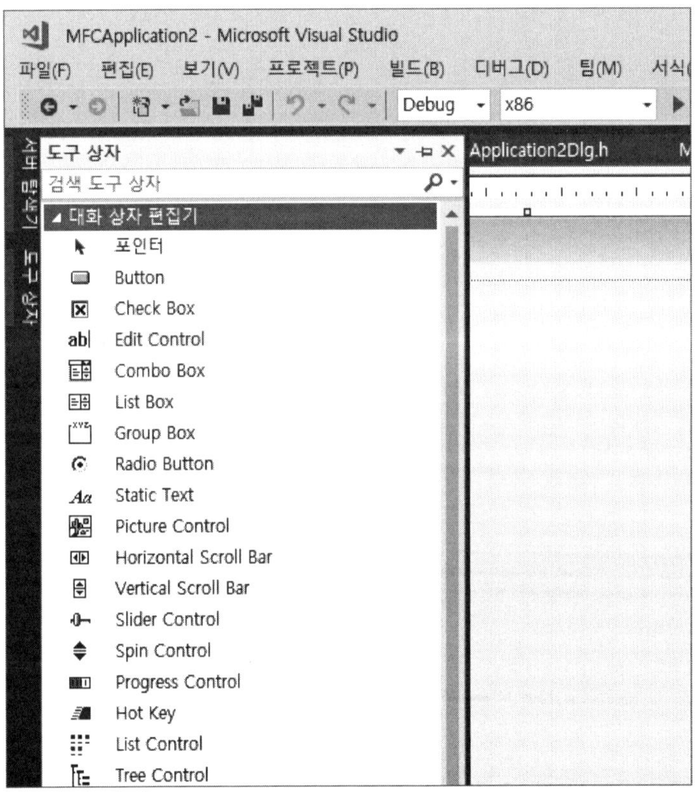

〈그림 Ⅱ – 8〉 도구상자 메뉴

이 컨트롤 중에 "Button", "Edit Control"을 끌어다 놓으면서 아래 그림과 같이 배치한다. 배치하면서 컨트롤의 위치 및 속성 등을 우측 하단의 속성창에서 다음표와 같이 설정한다.

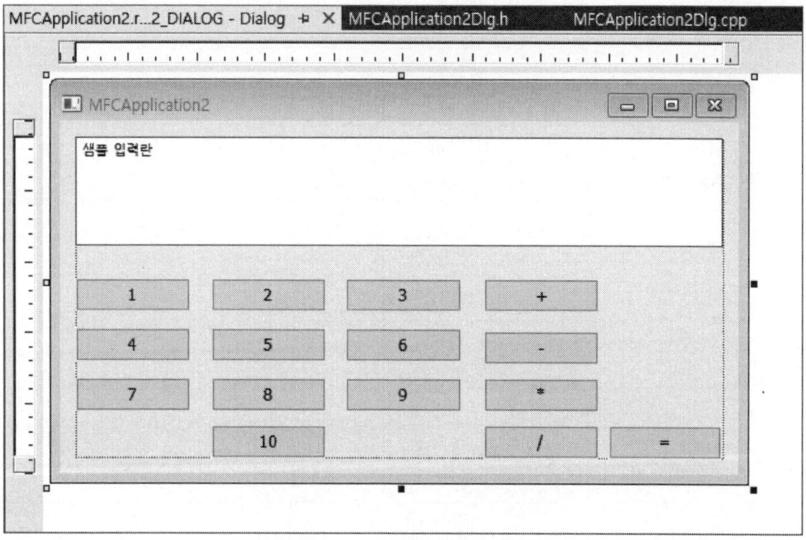

〈그림 Ⅱ-9〉 버튼 컨트롤 추가

컨트롤 종류	속성	값
Button	ID	IDC_BTN_ONE
	Caption	1
	Left	7
	Top	67
	Width	50
	Height	14
	ID	IDC_BTN_TWO
	Caption	2
	Left	66
	Top	67
	Width	50
	Height	14
	ID	IDC_BTN_THREE
	Caption	3
	Left	125
	Top	67
	Width	50
	Height	14

	ID	IDC_BTN_FOUR
	Caption	4
	Left	7
	Top	88
	Width	50
	Height	14
	ID	IDC_BTN_FIVE
	Caption	5
	Left	66
	Top	88
	Width	50
	Height	14
	ID	IDC_BTN_SIX
	Caption	6
	Left	125
	Top	88
	Width	50
	Height	14
	ID	IDC_BTN_SEVEN
	Caption	7
	Left	7
	Top	109
	Width	50
	Height	14
	ID	IDC_BTN_EIGHT
	Caption	8
	Left	66
	Top	109
	Width	50
	Height	14
	ID	IDC_BTN_NINE
	Caption	9
	Left	125
	Top	109
	Width	50
	Height	14
	ID	IDC_BTN_ZERO
	Caption	0
	Left	66

	Top	129
	Width	50
	Height	14
	ID	IDC_BTN_PLUS
	Caption	+
	Left	185
	Top	67
	Width	50
	Height	14
	ID	IDC_BTN_MINUS,
	Caption	-
	Left	185
	Top	89
	Width	50
	Height	14
	ID	IDC_BTN_MULTIPLY
	Caption	*
	Left	185
	Top	109
	Width	50
	Height	14
	ID	IDC_BTN_DIVIDE,
	Caption	/
	Left	185
	Top	129
	Width	50
	Height	14
	ID	IDC_BTN_EQUAL
	Caption	=
	Left	240
	Top	129
	Width	50
	Height	14
Edit Box	ID	IDC_EDIT1
	Left	7
	Top	7
	Width	284
	Height	48

EditBox 컨트롤을 멤버 변수로 추가하기 위해서 EidtBox를 선택하고 마우스 오른쪽 버튼을 누른 뒤 "변수 추가"를 누르면 아래와 같은 팝업 윈도우가 생성된다. "범주"를 "Value"로 선택하고 "변수 이름"은 "m_EditDisplay"로 입력한 뒤 마침을 누른다.

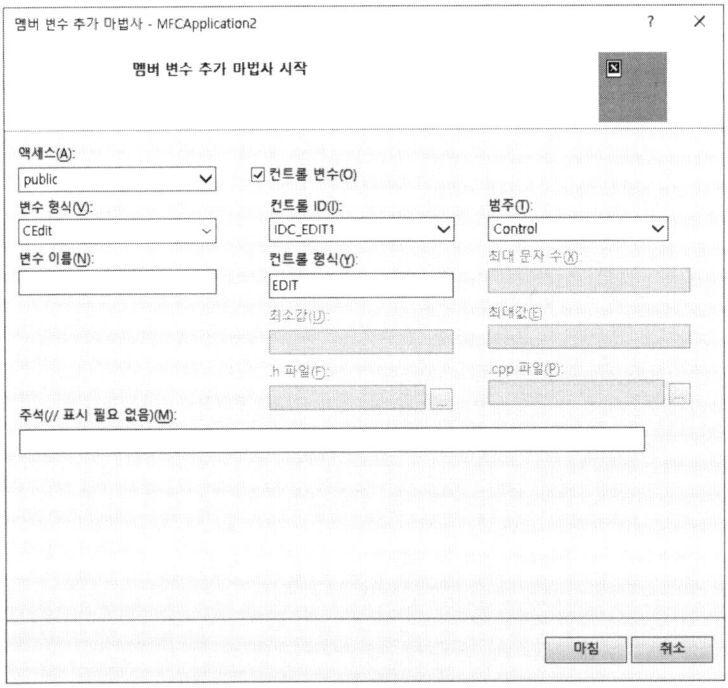

〈그림 II－10〉 EDIT 컨트롤에 멤버 변수 추가

버튼을 더블클릭하면 아래와 같이 멤버 메소드를 자동으로 생성해 준다. 숫자 버튼 1~0까지 10개, 4칙 연산자 버튼 4개, 등호 버튼까지 총 15개 버튼에 대해 아래와 같은 멤버 함수를 자동 생성해 준다.

```
void CMFCApplication2Dlg::OnBnClickedBtnOne()
{
    // TODO:  여기에 컨트롤 알림 처리기 코드를 추가합니다.

}
```

헤더 파일의 클래스 선언부 바깥쪽에 아래와 같이 열거형 자료형을 선언해서 사용자가 어떤 연산자 버튼을 눌렀는지 구분을 해준다.

```
enum FourOP {
    PLUS = 1001,
    MINUS,
    MULTIPLY,
    DIVIDE,
    NONE
};
```

헤더 파일의 클래스 선언부에 아래와 같이 멤버 변수를 선언한다. m_selectedOP는 사용자가 4칙 연산자 중 무엇을 선택했는지를 저장한다. m_nFirstOperand는 계산을 위해 입력한 첫 번째 피연산자를 저장해 둔다. m_nSecondOperand는 두 번째 피연산자를 저장한다. m_nResult는 계산 결과를 저장한다.

```
public:
    enum FourOP m_selectedOP;
    int m_nFirstOperand;
    int m_nSecondOperand;
    int m_nResult;
```

소스 코드에서 OnInitDialog() 함수의 뒷부분에 아래와 같이 멤버 변수의 초기화 루틴을 입력한다.

```
    // TODO: 여기에 추가 초기화 작업을 추가합니다.
    m_selectedOP = NONE;
    m_nFirstOperand = 0;
    m_nSecondOperand = 0;
    m_nResult = 0;
```

이제 버튼을 누를 때마다 어떤 기능을 수행하면 되는지 알아보고 이것을 어떻게 코딩하는지 생각해보자.

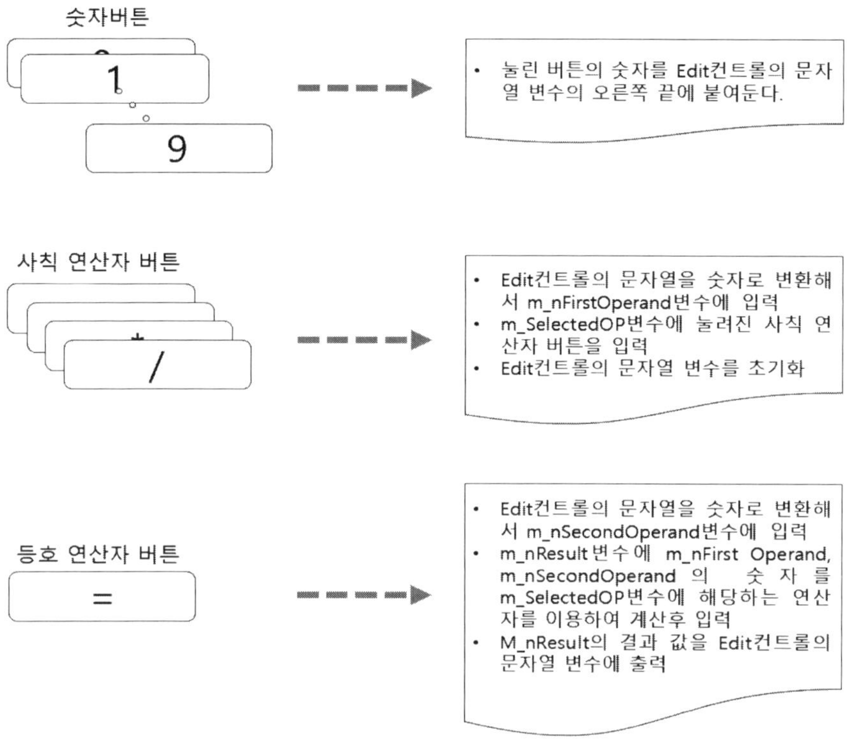

〈그림 II－11〉 버튼별 이벤트 발생 시 수행해야 할 기능 명세

윈도우 응용 프로그램과 같이 이벤트 핸들러 방식의 프로그램(스마트폰 프로그램 등)을 할 경우에는 위와 같이 이벤트별 수행 기능을 명세화할 필요가 있다. 위 기능을 아래 코드를 보면서 살펴보겠다.

숫자 버튼 "1"을 눌렀을 때 수행할 내용은 아래 코드와 같다. UpdateData 함수는 멤버 변수와 컨트롤 사이의 데이터를 동기화해 주는 역할을 한다. UpdateData(TRUE)는 컨트롤의 값을 멤버 변수로 전송하고 UpdateData(FALSE)는 멤버 변수의 값을 컨트롤로 전송한다. 나머지 숫자 버튼 "2"~"0"도 아래와 같이 프로그래밍을 하면서 버튼에 해당하는 숫자로만 바꿔주면 된다.

```
void CMFCApplication2Dlg::OnBnClickedBtnOne()
{
    UpdateData(TRUE);
    m_EditDisplay =m_EditDisplay + '1';
    UpdateData(FALSE);
}
```

4칙 연산자 버튼을 누르게 되면 먼저 m_selectedOP에 버튼에 해당하는 연산자를 입력한다. m_nFirstOperand에 Edit 컨트롤의 값을 정수로 변환하여 입력한다. _ttoi() 함수는 Stirng 변수를 int형 변수로 형 변환을 해주는 함수이다. m_EditDisplay 멤버 변수를 초기화함으로써 Edit컨트롤의 값을 지운다.

```
void CMFCApplication2Dlg::OnBnClickedBtnMinus()
{
    UpdateData(TRUE);
    m_selectedOP = MINUS;
    m_nFirstOperand = _ttoi(m_EditDisplay);
    m_EditDisplay = ' ';
    UpdateData(FALSE);
}
```

등호 버튼을 누르게 되면 m_nSecondOperand 변수에 Edit 컨트롤의 값을 정수로 변환하여 입력한다. m_selectedOP에 해당하는 연산자를 switch()문을 이용하여 선택 후 m_nFirstOperand와 m_nSecondOperand의 변수를 이용하여 연산을 하고 m_nResult에 결과를 저장한다. m_EditDisplay 멤버 변수에 m_nResult 결과를 출력한다.

```
void CMFCApplication2Dlg::OnBnClickedBtnEqual()
{
    UpdateData(TRUE);
    m_nSecondOperand = _ttoi(m_EditDisplay);
    switch (m_selectedOP)
    {
    case PLUS:
    m_nResult = m_nFirstOperand + m_nSecondOperand;
    break;
    case MINUS:
    m_nResult = m_nFirstOperand - m_nSecondOperand;
    break;
    case MULTIPLY:
    m_nResult = m_nFirstOperand * m_nSecondOperand;
    break;
```

```
    case DIVIDE:
    m_nResult = m_nFirstOperand / m_nSecondOperand;
    break;
    }
    m_EditDisplay.Format(_T("%d"), m_nResult);
    UpdateData(FALSE);
}
```

다음은 헤더 파일의 코드 전문이다.

```
// MFCApplication2Dlg.h: 헤더 파일
//

#pragma once
#include "afxwin.h"

enum FourOP {
    PLUS = 1001,
    MINUS,
    MULTIPLY,
    DIVIDE,
    NONE
};

// CMFCApplication2Dlg 대화 상자
class CMFCApplication2Dlg : public CDialog
{
// 생성입니다.
public:
    CMFCApplication2Dlg(CWnd* pParent = NULL);   // 표준 생성자입니다.

// 대화 상자 데이터입니다.
#ifdef AFX_DESIGN_TIME
    enum { IDD = IDD_MFCAPPLICATION2_DIALOG };
#endif
```

```
    protected:
    virtual void DoDataExchange(CDataExchange* pDX);         // DDX/DDV 지원입니다.

public:
    enum FourOP m_selectedOP;
    int m_nFirstOperand;
    int m_nSecondOperand;
    int m_nResult;

// 구현입니다.
protected:
    HICON m_hIcon;

    // 생성된 메시지 맵 함수
    virtual BOOL OnInitDialog();
    afx_msg void OnSysCommand(UINT nID, LPARAM lParam);
    afx_msg void OnPaint();
    afx_msg HCURSOR OnQueryDragIcon();
    DECLARE_MESSAGE_MAP()
public:
//  CEdit m_EditDisplay;
    afx_msg void OnBnClickedBtnOne();
    afx_msg void OnBnClickedBtnTwo();
    afx_msg void OnBnClickedBtnThree();
    afx_msg void OnBnClickedBtnFour();
    afx_msg void OnBnClickedBtnFive();
    afx_msg void OnBnClickedBtnSix();
    afx_msg void OnBnClickedBtnSeven();
    afx_msg void OnBnClickedBtnEight();
    afx_msg void OnBnClickedBtnNine();
    afx_msg void OnBnClickedBtnZero();
    afx_msg void OnBnClickedBtnPlus();
    afx_msg void OnBnClickedBtnMinus();
    afx_msg void OnBnClickedBtnMultiply();
    afx_msg void OnBnClickedBtnDivide();
    afx_msg void OnBnClickedBtnEqual();
    CString m_EditDisplay;
};
```

다음은 Cpp 파일의 코드 전문이다.

```
// MFCApplication2Dlg.cpp: 구현 파일
//

#include "stdafx.h"
#include "MFCApplication2.h"
#include "MFCApplication2Dlg.h"
#include "afxdialogex.h"

#ifdef _DEBUG
#define new DEBUG_NEW
#endif


// 응용 프로그램 정보에 사용되는 CAboutDlg 대화상자입니다.

class CAboutDlg : public CDialogEx
{
public:
    CAboutDlg();

// 대화상자 데이터입니다.
#ifdef AFX_DESIGN_TIME
    enum { IDD = IDD_ABOUTBOX };
#endif

    protected:
    virtual void DoDataExchange(CDataExchange* pDX);     // DDX/DDV 지원입니다.

// 구현입니다.
protected:
    DECLARE_MESSAGE_MAP()
};

CAboutDlg::CAboutDlg() : CDialogEx(IDD_ABOUTBOX)
{
}
```

```
void CAboutDlg::DoDataExchange(CDataExchange* pDX)
{
    CDialogEx::DoDataExchange(pDX);
}

BEGIN_MESSAGE_MAP(CAboutDlg, CDialogEx)
END_MESSAGE_MAP()


// CMFCApplication2Dlg 대화상자



CMFCApplication2Dlg::CMFCApplication2Dlg(CWnd* pParent /*=NULL*/)
    : CDialog(IDD_MFCAPPLICATION2_DIALOG, pParent)
    , m_EditDisplay(_T(""))
{
    m_hIcon = AfxGetApp()->LoadIcon(IDR_MAINFRAME);
}

void CMFCApplication2Dlg::DoDataExchange(CDataExchange* pDX)
{
    CDialog::DoDataExchange(pDX);
    //  DDX_Control(pDX, IDC_EDIT1, m_EditDisplay);
    DDX_Text(pDX, IDC_EDIT1, m_EditDisplay);
}

BEGIN_MESSAGE_MAP(CMFCApplication2Dlg, CDialog)
    ON_WM_SYSCOMMAND()
    ON_WM_PAINT()
    ON_WM_QUERYDRAGICON()
    ON_BN_CLICKED(IDC_BTN_ONE, &CMFCApplication2Dlg::OnBnClickedBtnOne)
    ON_BN_CLICKED(IDC_BTN_TWO, &CMFCApplication2Dlg::OnBnClickedBtnTwo)
    ON_BN_CLICKED(IDC_BTN_THREE, &CMFCApplication2Dlg::OnBnClickedBtnThree)
    ON_BN_CLICKED(IDC_BTN_FOUR, &CMFCApplication2Dlg::OnBnClickedBtnFour)
    ON_BN_CLICKED(IDC_BTN_FIVE, &CMFCApplication2Dlg::OnBnClickedBtnFive)
    ON_BN_CLICKED(IDC_BTN_SIX, &CMFCApplication2Dlg::OnBnClickedBtnSix)
```

```
    ON_BN_CLICKED(IDC_BTN_SEVEN, &CMFCApplication2Dlg::OnBnClickedBtnSeven)
    ON_BN_CLICKED(IDC_BTN_EIGHT, &CMFCApplication2Dlg::OnBnClickedBtnEight)
    ON_BN_CLICKED(IDC_BTN_NINE, &CMFCApplication2Dlg::OnBnClickedBtnNine)
    ON_BN_CLICKED(IDC_BTN_ZERO, &CMFCApplication2Dlg::OnBnClickedBtnZero)
    ON_BN_CLICKED(IDC_BTN_PLUS, &CMFCApplication2Dlg::OnBnClickedBtnPlus)
    ON_BN_CLICKED(IDC_BTN_MINUS, &CMFCApplication2Dlg::OnBnClickedBtnMinus)
    ON_BN_CLICKED(IDC_BTN_MULTIPLY, &CMFCApplication2Dlg::OnBnClickedBtnMultiply)
    ON_BN_CLICKED(IDC_BTN_DIVIDE, &CMFCApplication2Dlg::OnBnClickedBtnDivide)
    ON_BN_CLICKED(IDC_BTN_EQUAL, &CMFCApplication2Dlg::OnBnClickedBtnEqual)
END_MESSAGE_MAP()


// CMFCApplication2Dlg 메시지 처리기

BOOL CMFCApplication2Dlg::OnInitDialog()
{
    CDialog::OnInitDialog();

    // 시스템 메뉴에 "정보..." 메뉴 항목을 추가합니다.

    // IDM_ABOUTBOX는 시스템 명령 범위에 있어야 합니다.
    ASSERT((IDM_ABOUTBOX & 0xFFF0) == IDM_ABOUTBOX);
    ASSERT(IDM_ABOUTBOX < 0xF000);

    CMenu* pSysMenu = GetSystemMenu(FALSE);
    if (pSysMenu != NULL)
    {
    BOOL bNameValid;
    CString strAboutMenu;
    bNameValid = strAboutMenu.LoadString(IDS_ABOUTBOX);
    ASSERT(bNameValid);
    if (!strAboutMenu.IsEmpty())
    {
    pSysMenu->AppendMenu(MF_SEPARATOR);
    pSysMenu->AppendMenu(MF_STRING, IDM_ABOUTBOX, strAboutMenu);
    }
    }
```

```
    // 이 대화상자의 아이콘을 설정합니다. 응용 프로그램의 주 창이 대화상자가 아닐
       경우에는
    //  프레임워크가 이 작업을 자동으로 수행합니다.
    SetIcon(m_hIcon, TRUE);          // 큰 아이콘을 설정합니다.
    SetIcon(m_hIcon, FALSE);         // 작은 아이콘을 설정합니다.

    // TODO: 여기에 추가 초기화 작업을 추가합니다.
    m_selectedOP = NONE;
    m_nFirstOperand = 0;
    m_nSecondOperand = 0;
    m_nResult = 0;

    return TRUE;  // 포커스를 컨트롤에 설정하지 않으면 TRUE를 반환합니다.
}

void CMFCApplication2Dlg::OnSysCommand(UINT nID, LPARAM lParam)
{
    if ((nID & 0xFFF0) == IDM_ABOUTBOX)
    {
    CAboutDlg dlgAbout;
    dlgAbout.DoModal();
    }
    else
    {
    CDialog::OnSysCommand(nID, lParam);
    }
}

// 대화상자에 최소화 단추를 추가할 경우 아이콘을 그리려면
// 아래 코드가 필요합니다. 문서/뷰 모델을 사용하는 MFC 응용 프로그램의 경우에는
// 프레임워크에서 이 작업을 자동으로 수행합니다.

void CMFCApplication2Dlg::OnPaint()
{
    if (IsIconic())
    {
    CPaintDC dc(this); // 그리기를 위한 디바이스 컨텍스트입니다.
```

```
    SendMessage(WM_ICONERASEBKGND, reinterpret_cast<WPARAM>(dc.GetSafeHdc()), 0);

    // 클라이언트 사각형에서 아이콘을 가운데에 맞춥니다.
    int cxIcon = GetSystemMetrics(SM_CXICON);
    int cyIcon = GetSystemMetrics(SM_CYICON);
    CRect rect;
    GetClientRect(&rect);
    int x = (rect.Width() - cxIcon + 1) / 2;
    int y = (rect.Height() - cyIcon + 1) / 2;

    // 아이콘을 그립니다.
    dc.DrawIcon(x, y, m_hIcon);
    }
    else
    {
    CDialog::OnPaint();
    }
}

// 사용자가 최소화된 창을 끄는 동안에 커서가 표시되도록 시스템에서
// 이 함수를 호출합니다.
HCURSOR CMFCApplication2Dlg::OnQueryDragIcon()
{
    return static_cast<HCURSOR>(m_hIcon);
}



void CMFCApplication2Dlg::OnBnClickedBtnOne()
{
    UpdateData(TRUE);
    m_EditDisplay =m_EditDisplay + '1';
    UpdateData(FALSE);
}



void CMFCApplication2Dlg::OnBnClickedBtnTwo()
{
```

```
    UpdateData(TRUE);
    m_EditDisplay = m_EditDisplay + '2';
    UpdateData(FALSE);
}


void CMFCApplication2Dlg::OnBnClickedBtnThree()
{
    UpdateData(TRUE);
    m_EditDisplay = m_EditDisplay + '3';
    UpdateData(FALSE);
}


void CMFCApplication2Dlg::OnBnClickedBtnFour()
{
    UpdateData(TRUE);
    m_EditDisplay = m_EditDisplay + '4';
    UpdateData(FALSE);
}


void CMFCApplication2Dlg::OnBnClickedBtnFive()
{
    UpdateData(TRUE);
    m_EditDisplay = m_EditDisplay + '5';
    UpdateData(FALSE);
}


void CMFCApplication2Dlg::OnBnClickedBtnSix()
{
    UpdateData(TRUE);
    m_EditDisplay = m_EditDisplay + '6';
    UpdateData(FALSE);
}
```

```
void CMFCApplication2Dlg::OnBnClickedBtnSeven()
{
    UpdateData(TRUE);
    m_EditDisplay = m_EditDisplay + '7';
    UpdateData(FALSE);
}

void CMFCApplication2Dlg::OnBnClickedBtnEight()
{
    UpdateData(TRUE);
    m_EditDisplay = m_EditDisplay + '8';
    UpdateData(FALSE);
}

void CMFCApplication2Dlg::OnBnClickedBtnNine()
{
    UpdateData(TRUE);
    m_EditDisplay = m_EditDisplay + '9';
    UpdateData(FALSE);
}

void CMFCApplication2Dlg::OnBnClickedBtnZero()
{
    UpdateData(TRUE);
    m_EditDisplay = m_EditDisplay + '0';
    UpdateData(FALSE);
}

void CMFCApplication2Dlg::OnBnClickedBtnPlus()
{
    UpdateData(TRUE);
    m_selectedOP = PLUS;
    m_nFirstOperand = _ttoi(m_EditDisplay);
    m_EditDisplay = ' ';
    UpdateData(FALSE);
```

```
}

void CMFCApplication2Dlg::OnBnClickedBtnMinus()
{
    UpdateData(TRUE);
    m_selectedOP = MINUS;
    m_nFirstOperand = _ttoi(m_EditDisplay);
    m_EditDisplay = ' ';
    UpdateData(FALSE);
}

void CMFCApplication2Dlg::OnBnClickedBtnMultiply()
{
    UpdateData(TRUE);
    m_selectedOP = MULTIPLY;
    m_nFirstOperand = _ttoi(m_EditDisplay);
    m_EditDisplay = ' ';
    UpdateData(FALSE);
}

void CMFCApplication2Dlg::OnBnClickedBtnDivide()
{
    UpdateData(TRUE);
    m_selectedOP = DIVIDE;
    m_nFirstOperand = _ttoi(m_EditDisplay);
    m_EditDisplay = ' ';
    UpdateData(FALSE);
}

void CMFCApplication2Dlg::OnBnClickedBtnEqual()
{
    UpdateData(TRUE);
    m_nSecondOperand = _ttoi(m_EditDisplay);
    switch (m_selectedOP)
```

```
    {
    case PLUS:
    m_nResult = m_nFirstOperand + m_nSecondOperand;
    break;
    case MINUS:
    m_nResult = m_nFirstOperand - m_nSecondOperand;
    break;
    case MULTIPLY:
    m_nResult = m_nFirstOperand * m_nSecondOperand;
    break;
    case DIVIDE:
    m_nResult = m_nFirstOperand / m_nSecondOperand;
    break;
    }
    m_EditDisplay.Format(_T("%d"), m_nResult);
    UpdateData(FALSE);
}
```

The C Programming Language

03 마우스 드로잉 예제

학습목표	
	1. 윈도우 응용 프로그래밍에서 그래픽을 활용하는 방법을 이해한다. 2. 마우스 이벤트 핸들러를 이해하고 설명할 수 있다.

윈도우 응용 프로그램은 GUI(Graphic User Interface)를 통해서 사용자와 프로그램 간 상호 작용한다. GUI에서 중요한 건 단연 그래픽과 마우스를 어떻게 프로그래밍하는가이다. 본 예제는 마우스의 이동 위치를 따라서 선을 그어 줌으로써 윈도우즈 보조 프로그램의 그림판과 같은 기능을 구현해 볼 것이다.

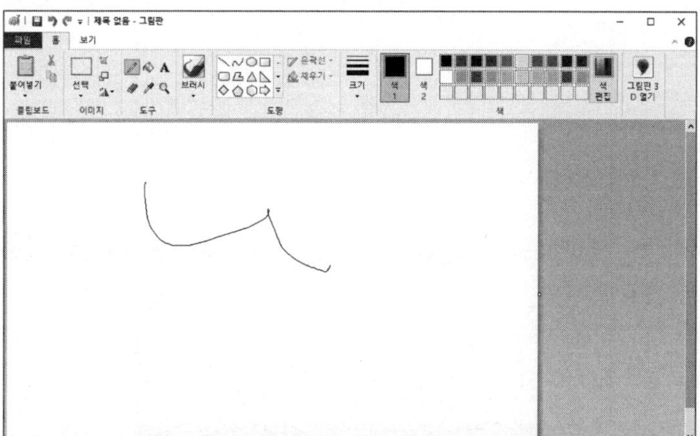

〈그림 Ⅱ-12〉 윈도우즈 보조 프로그램 중 그림판의 드로우 기능

GDI(Graphics Device Interface)는 윈도우가 그래픽 하드웨어를 제어할 수 있도록 응용 프로그램에 제공하는 모든 기능으로 응용 프로그램과 디바이스 드라이버의 중간 역할을 하게 되는데 Graphic 관련 내용을 모아둔 것을 GDI라고 생각하면 편리할 것이다. 응용 프로그램에 대한 장치 독립적 그래픽 동작을 수행하게 된다.

DC(Device Context)는 일종의 핸들이라 생각하면 되는데, 애플리케이션과 출력 장치를 연결하는 역할을 하며, 애플리케이션이 출력하는 것에 대한 허가를 얻고, 그려지는 영역을 결정하는 역할을 하게 된다. GDI에 의해 내부적으로 유지되는 데이터 구조를 가진다. DC는 독립적 하드웨어 출력을 할 수 있어 출력 장치에 상관없이 동일한 방법으로 설정하고 사용하게 되며, DC를 얻고 난 후 반드시 작업 완료되면 해제해야 한다.

그럼, 예제 프로그램을 만들기 위해서 비주얼 스튜디오를 실행시킨 뒤 메뉴에서 "파일" -> "새로 만들기" -> "프로젝트"를 선택한 뒤 새 프로젝트 팝업 윈도우가 생성되면 좌측 템플릿 선택 공간에서 "Visual C++"을 선택하고 중앙에서 "MFC 응용 프로그램"을 선택한 후 아래 이름, 위치 공간에 적절한 예제 명과 디렉터리 위치를 선정한다.

MFC 응용 프로그램의 응용 프로그램 형식 옵션을 선택하는 화면에서 응용 프로그램 종류를 "단일 문서"로 선택한다. 마우스 드로잉 예제 프로그램은 SDI(Single Document Interface) 구조로 구현하겠다. 프로젝트 스타일은 "MFC standard"로 선택하고 Command bar는 "클래식 메뉴 사용"으로 선택한다. 고급 프레임창은 "탐색기 도킹창", "출력 도킹창", "속성 도킹창"을 모두 체크 해제 한다.

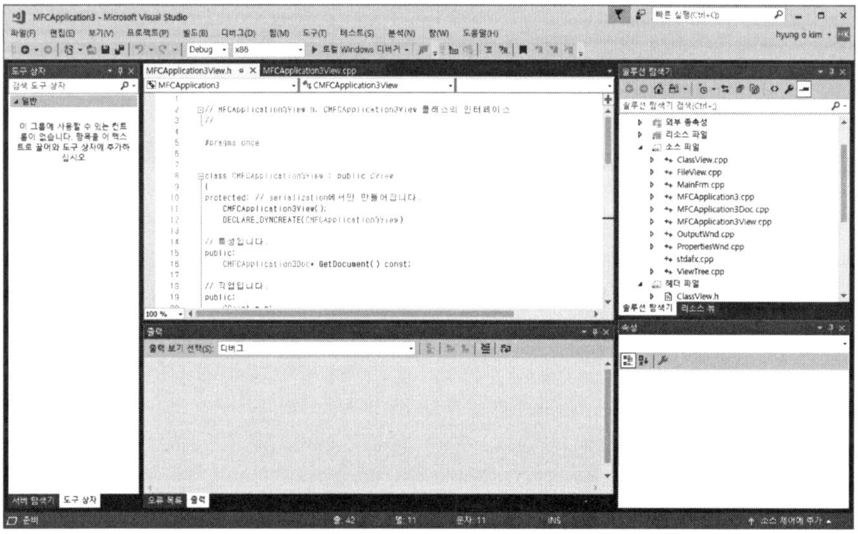

〈그림 Ⅱ-13〉 "단일 문서"로 생성된 스켈레톤 코드

마우스의 이벤트를 받아서 윈도우에 그림을 그리기 위해서는 View 클래스에서 이벤트 핸들러를 구현해 주어야 한다. 먼저 이벤트 핸들러를 생성하기 위해서 메뉴에서 “프로젝트” -> “클래스 마법사”를 선택한다.

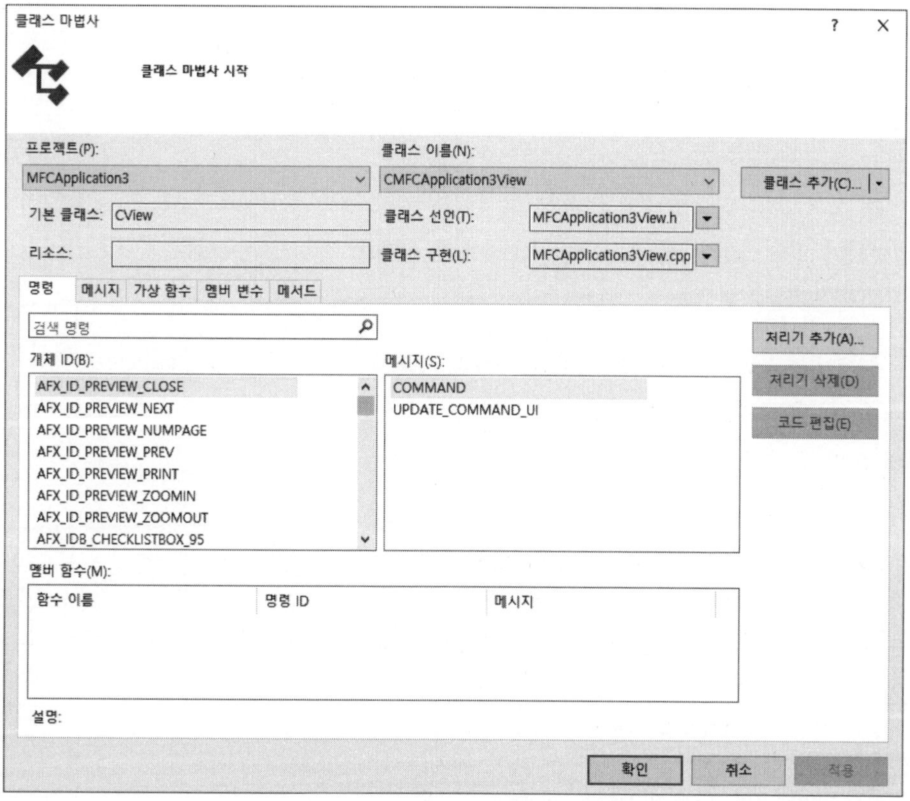

〈그림 Ⅱ-14〉 클래스 마법사 화면

클래스 마법사 윈도우가 생성되면 클래스 이름에서 “프로젝트명 View”를 선택한다. 화면 중앙에서 “메시지” 탭을 선택한다. 메시지 중에 “WM_LBUTTONDOWN”을 선택하고 오른쪽의 “처리기 추가” 버튼을 선택한다. 만약 오른쪽 버튼이 눌려졌을 때 처리가 필요하면 “WM_RBUTTONDOWN”을 선택한다.

다음은 마우스가 이동할 때 선을 그려야 하기 때문에 “WM_MOUSEMOVE” 메시지에 대해 “처리기 추가” 버튼을 누른다. 이제 “확인” 버튼을 눌러서 마무리한다.

“WM_LBUTTONDOWN”과 “WM_MOUSEMOVE” 메시지가 정상적으로 이벤트 핸들러를 생성했다면 “프로젝트명 View.h” 파일에 아래와 같은 메시지 맵이 생성된다.

```
// 생성된 메시지 맵 함수
protected:
    DECLARE_MESSAGE_MAP()
public:
    afx_msg void OnLButtonDown(UINT nFlags, CPoint point);
    afx_msg void OnMouseMove(UINT nFlags, CPoint point);
};
```

"프로젝트명 View.cpp" 파일에서 자동 생성된 OnLButtonDown 함수를 찾아가면 매개변수가 2개가 생성되어 있다. 먼저 UINT nFlags는 버튼의 상태를 확인할 수 있다. CPoint point는 현재 마우스 커서의 화면상 좌표를 전달한다.

마우스 왼쪽 버튼이 눌러질 경우 수행해야 하는 기능은 선을 그릴 좌표를 마우스 커서가 위치한 화면 좌표로 이동하고 이 좌표를 저장해 두어야 한다. 이를 위해 클래스 내부에 CPoint m_p; 변수를 선언해 둔다.

```
void CMFCApplication3View::OnLButtonDown(UINT nFlags, CPoint point)
{
    // TODO: 여기에 메시지 처리기 코드를 추가 및/또는 기본값을 호출합니다.
    CClientDC dc(this);
    dc.MoveTo(point.x, point.y);
    m_p.x = point.x;
    m_p.y = point.y;

    CView::OnLButtonDown(nFlags, point);
}
```

마우스 커서가 이동할 때마다 생성되는 이벤트에 대한 처리기는 아래와 같다. 마우스 커서가 움직일 때 왼쪽 버튼이 눌려져 있으면 선을 그리게 된다. 이 기능을 구현하기 위해서는 몇 가지 사용법을 알아야 한다. 먼저 DC이다. 우리가 만드는 윈도우 응용 프로그램에는 그래픽 출력을 위해서는 DC를 얻어 와야만 한다.

```
void CMFCApplication3View::OnMouseMove(UINT nFlags, CPoint point)
{
    CClientDC dc(this);

    if ((nFlags && MK_LBUTTON) == MK_LBUTTON)
    {
    dc.MoveTo(m_p.x, m_p.y);
    dc.LineTo(point.x, point.y);
    m_p.x = point.x;
    m_p.y = point.y;
    }

    CView::OnMouseMove(nFlags, point);
}
```

특히 "단일 문서", "여러 문서"와 같은 윈도우 형태는 CClientDC 클래스를 통해서 DC를 얻을 수 있다. this는 C++에서 현재 스코프의 객체의 포인터를 얻을 경우 사용한다. MoveTo 메소드는 현재 커서 좌표를 옮길 때 사용한다. LineTo 함수는 MoveTo를 통해 이동한 좌표에서 지정된 좌표까지 직선을 긋는 함수이다.

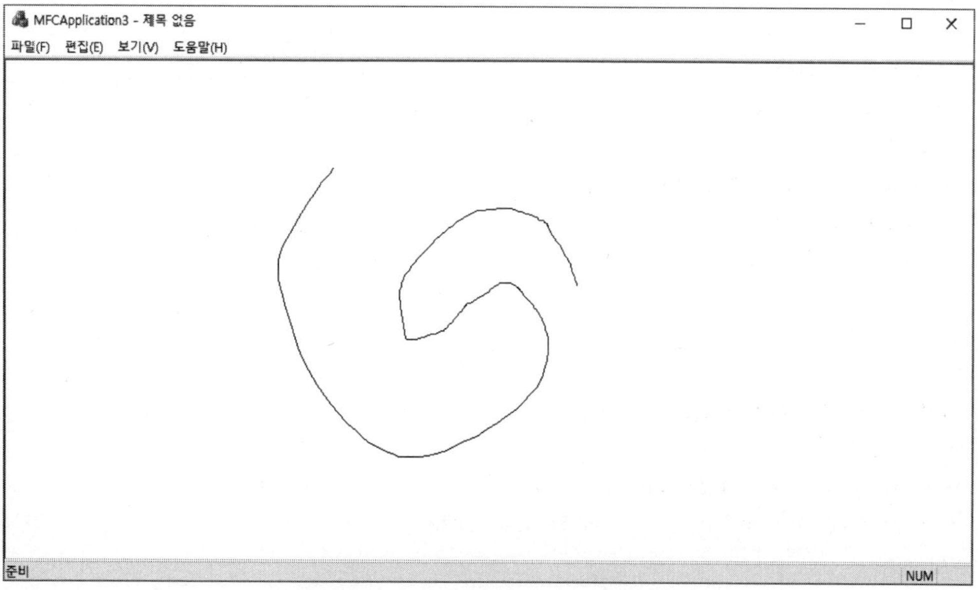

〈그림 Ⅱ-15〉 애플리케이션 실행 결과

다음은 헤더 파일의 코드 전문이다.

```
// MFCApplication3View.h: CMFCApplication3View 클래스의 인터페이스
//

#pragma once


class CMFCApplication3View : public CView
{
protected: // serialization에서만 만들어집니다.
    CMFCApplication3View();
    DECLARE_DYNCREATE(CMFCApplication3View)

// 특성입니다.
public:
    CMFCApplication3Doc* GetDocument() const;

// 작업입니다.
public:
    CPoint m_p;

// 재정의입니다.
public:
    virtual void OnDraw(CDC* pDC);  // 이 뷰를 그리기 위해 재정의되었습니다.
    virtual BOOL PreCreateWindow(CREATESTRUCT& cs);
protected:
    virtual BOOL OnPreparePrinting(CPrintInfo* pInfo);
    virtual void OnBeginPrinting(CDC* pDC, CPrintInfo* pInfo);
    virtual void OnEndPrinting(CDC* pDC, CPrintInfo* pInfo);

// 구현입니다.
public:
    virtual ~CMFCApplication3View();
#ifdef _DEBUG
    virtual void AssertValid() const;
    virtual void Dump(CDumpContext& dc) const;
#endif
```

```
protected:

// 생성된 메시지 맵 함수
protected:
    DECLARE_MESSAGE_MAP()
public:
    afx_msg void OnLButtonDown(UINT nFlags, CPoint point);
    afx_msg void OnMouseMove(UINT nFlags, CPoint point);
};

#ifndef _DEBUG  // MFCApplication3View.cpp의 디버그 버전
inline CMFCApplication3Doc* CMFCApplication3View::GetDocument() const
   { return reinterpret_cast<CMFCApplication3Doc*>(m_pDocument); }
#endif
```

다음은 Cpp 파일의 코드 전문이다.

```
// MFCApplication3View.cpp: CMFCApplication3View 클래스의 구현
//

#include "stdafx.h"
// SHARED_HANDLERS는 미리 보기, 축소판 그림 및 검색 필터 처리기를 구현하는 ATL
프로젝트에서 정의할 수 있으며
// 해당 프로젝트와 문서 코드를 공유하도록 해 줍니다.
#ifndef SHARED_HANDLERS
#include "MFCApplication3.h"
#endif

#include "MFCApplication3Doc.h"
#include "MFCApplication3View.h"

#ifdef _DEBUG
#define new DEBUG_NEW
#endif
```

```
// CMFCApplication3View

IMPLEMENT_DYNCREATE(CMFCApplication3View, CView)

BEGIN_MESSAGE_MAP(CMFCApplication3View, CView)
    // 표준 인쇄 명령입니다.
    ON_COMMAND(ID_FILE_PRINT, &CView::OnFilePrint)
    ON_COMMAND(ID_FILE_PRINT_DIRECT, &CView::OnFilePrint)
    ON_COMMAND(ID_FILE_PRINT_PREVIEW, &CView::OnFilePrintPreview)
    ON_WM_LBUTTONDOWN()
    ON_WM_MOUSEMOVE()
END_MESSAGE_MAP()

// CMFCApplication3View 생성/소멸

CMFCApplication3View::CMFCApplication3View()
{
    // TODO: 여기에 생성 코드를 추가합니다.

}

CMFCApplication3View::~CMFCApplication3View()
{
}

BOOL CMFCApplication3View::PreCreateWindow(CREATESTRUCT& cs)
{
    // TODO: CREATESTRUCT cs를 수정하여 여기에서
    //  Window 클래스 또는 스타일을 수정합니다.

    return CView::PreCreateWindow(cs);
}

// CMFCApplication3View 그리기

void CMFCApplication3View::OnDraw(CDC* /*pDC*/)
{
    CMFCApplication3Doc* pDoc = GetDocument();
```

```
    ASSERT_VALID(pDoc);
    if (!pDoc)
    return;

    // TODO: 여기에 원시 데이터에 대한 그리기 코드를 추가합니다.
}


// CMFCApplication3View 인쇄

BOOL CMFCApplication3View::OnPreparePrinting(CPrintInfo* pInfo)
{
    // 기본적인 준비
    return DoPreparePrinting(pInfo);
}

void CMFCApplication3View::OnBeginPrinting(CDC* /*pDC*/, CPrintInfo* /*pInfo*/)
{
    // TODO: 인쇄하기 전에 추가 초기화 작업을 추가합니다.
}

void CMFCApplication3View::OnEndPrinting(CDC* /*pDC*/, CPrintInfo* /*pInfo*/)
{
    // TODO: 인쇄 후 정리 작업을 추가합니다.
}


// CMFCApplication3View 진단

#ifdef _DEBUG
void CMFCApplication3View::AssertValid() const
{
    CView::AssertValid();
}

void CMFCApplication3View::Dump(CDumpContext& dc) const
{
    CView::Dump(dc);
}
```

```
CMFCApplication3Doc* CMFCApplication3View::GetDocument() const // 디버그되지 않은
버전은 인라인으로 지정됩니다.
{
    ASSERT(m_pDocument->IsKindOf(RUNTIME_CLASS(CMFCApplication3Doc)));
    return (CMFCApplication3Doc*)m_pDocument;
}
#endif //_DEBUG


// CMFCApplication3View 메시지 처리기


void CMFCApplication3View::OnLButtonDown(UINT nFlags, CPoint point)
{
    // TODO: 여기에 메시지 처리기 코드를 추가 및/또는 기본값을 호출합니다.
    CClientDC dc(this);
    dc.MoveTo(point.x, point.y);
    m_p.x = point.x;
    m_p.y = point.y;

    CView::OnLButtonDown(nFlags, point);
}


void CMFCApplication3View::OnMouseMove(UINT nFlags, CPoint point)
{
    CClientDC dc(this);

    if ((nFlags && MK_LBUTTON) == MK_LBUTTON)
    {
    dc.MoveTo(m_p.x, m_p.y);
    dc.LineTo(point.x, point.y);
    m_p.x = point.x;
    m_p.y = point.y;
    }

    CView::OnMouseMove(nFlags, point);
}
```

The C Programming Language

04 디지털 시계 예제

학습목표	
	1. 윈도우 애플리케이션의 그래픽 함수에 대해 설명할 수 있다. 2. 타이머 이벤트에 대해 이해할 수 있다.

컴퓨터 프로그래밍에서 타이머 기능은 매우 중요한 기능 중 하나이다. 정기적으로 반복적인 행위를 한다거나 상황 변화를 체크한다던지 할 때 꼭 필요한 기능이다. 본 예제에서는 타이머 기능을 활용하여 시간을 출력하는 프로그램을 구현함으로써 타이머 이벤트 사용법과 OnDraw 함수를 살펴보겠다.

윈도우 응용 프로그램에서 타이머는 타이머 번호와 타이머 주기를 정함으로써 타이머를 생성할 수 있다. 즉 타이머 번호를 통해 하나의 응용 프로그램에서 여러개의 타이머를 생성할 수 있으며 타이머 주기를 서로 다르게 해서 다양한 기능의 구현이 가능해진다.

타이머 생성 시에는 아래와 같은 SetTimer를 사용한다. 매개변수는 첫 번째가 타이머 번호이며, 두 번째가 타이머 주기를 밀리세컨드 단위로 입력한다. 즉, 1000을 입력하면 1초를 의미한다. 마지막 매개변수는 타이머 발생 시에 실행할 콜백 펑션을 등록하는 곳이다. 일반적으로는 NULL을 기입하고 WM_TIMER 메시지를 발생시켜서 사용한다.

```
SetTimer(타이머 번호, 설정된 시간 간격, 타이머 메시지가 발생되었을 때 실행되는 함수)
```

타이머의 사용이 마무리되면 타이머를 해지해야 하며 해지 함수는 다음과 같이 KillTimer를 사용하면 된다. 매개변수는 타이머 생성 시에 지정했던 타이머 번호를 기입하면 된다.

```
KillTimer(타이머 번호)
```

OnDraw 함수는 윈도우 응용 프로그램의 화면 출력을 담당하는 함수로써 윈도우가 가려졌다가 나타나거나 새로운 출력이 필요할 경우 OnDraw 함수를 호출하게 된다.

그럼, 예제를 구현해 보도록 하자. 비주얼 스튜디오를 실행시킨 뒤 메뉴에서 "파일" -> "새로 만들기" -> "프로젝트"를 선택한 뒤 새 프로젝트 팝업 윈도우가 생성되면 좌측 템플릿 선택 공간에서 "Visual C++"을 선택하고 중앙에서 "MFC 응용 프로그램"을 선택한 후 아래 이름, 위치 공간에 적절한 예제 명과 디렉터리 위치를 선정한다.

MFC 응용 프로그램의 응용 프로그램 형식 옵션을 선택하는 화면에서 응용 프로그램 종류를 "단일 문서"로 선택한다. 예제 프로그램은 SDI(Single Document Interface) 구조로 구현하겠다. 프로젝트 스타일은 "MFC standard"로 선택하고 Command bar는 "클래식 메뉴 사용"으로 선택한다. 고급 프레임창은 "탐색기 도킹창", "출력 도킹창", "속성 도킹창"을 모두 체크 해제한다.

생성된 프로젝트에 이벤트 핸들러를 생성하기 위해서 메뉴에서 "프로젝트" -> "클래스 마법사"를 선택한다. 클래스 마법사 윈도우가 생성되면 클래스 이름에서 "프로젝트명 View"를 선택한다. 화면 중앙에서 "메시지" 탭을 선택한다. 메시지 중에 "WM_CREATE"을 선택하고 오른쪽의 "처리기 추가" 버튼을 선택한다. 다음은 타이머 이벤트 발생에 대한 처리기 등록을 위해 "WM_TIMER" 메시지에 대해 "처리기 추가" 버튼을 누른다. 이제 "확인" 버튼을 눌러서 마무리한다.

"WM_CREATE"과 "WM_TIMER" 메시지가 정상적으로 이벤트 핸들러를 생성했다면 "프로젝트명 View.h" 파일에 아래와 같은 메시지 맵이 생성된다.

```
// 생성된 메시지 맵 함수
protected:
    DECLARE_MESSAGE_MAP()
public:
    afx_msg int OnCreate(LPCREATESTRUCT lpCreateStruct);
    afx_msg void OnTimer(UINT_PTR nIDEvent);
```

다음은 멤버 변수를 선언하도록 한다. m_strTimer 변수는 타이머 이벤트 발생 시에 현재 시간을 출력 형태의 메시지로 작성하여 저장해 두는 변수이다. OnDraw 함수에서는 이 변수의 내용을 화면에 출력하게 된다.

```
public:
    CString m_strTimer;
```

윈도우 응용 프로그램이 실행되면 WM_CREATE 메시지가 발생된다. 이때 타이머를 생성하는 코드를 아래와 같이 기입한다. 타이머 번호는 0번이며 주기는 1초로 한다.

```
int CMFCApplication6View::OnCreate(LPCREATESTRUCT lpCreateStruct)
{
    if (CView::OnCreate(lpCreateStruct) == -1)
    return -1;

    // TODO:  여기에 특수화된 작성 코드를 추가합니다.
    SetTimer(0, 1000, NULL);   // 타이머 설정, 1초에 한번씨 WM_TIMER 메시지 발생

    return 0;
}
```

다음은 WM_TIMER 메시지가 발생했을 때 수행하는 이벤트 핸들러를 작성한다. 현재 시간을 얻기 위해서는 CTime 클래스로 시간을 받아야 한다. 따라서 timer라는 객체를 선언한 뒤 GetCurrentTime 함수를 통해서 현재 시간을 받아 온다. CString 클래스의 Format 메소드는 C언어의 printf 함수와 같이 서식을 통해 문자열을 구성할 수 있다. 끝으로 Invalidate 함수는 윈도우 응용 프로그램에게 화면 갱신 메시지를 보내게 된다. 즉, OnDraw 함수를 호출하게 된다.

```
void CMFCApplication6View::OnTimer(UINT_PTR nIDEvent)
{
    // TODO: 여기에 메시지 처리기 코드를 추가 및/또는 기본값을 호출합니다.
    CTime timer;              //타이머 변수 선언
```

```
    timer = CTime::GetCurrentTime(); // 현재 시간 얻음

    m_strTimer.Format(_T("현재는 %d년 %d월 %d일 %d시 %d분 %d초"),
    timer.GetYear(), timer.GetMonth(), timer.GetDay(),
    timer.GetHour(), timer.GetMinute(), timer.GetSecond());

    Invalidate(); // 윈도우에 출력

    CView::OnTimer(nIDEvent);
}
```

OnDraw 함수에서 DrawText 함수를 이용하여 m_strTimer에 등록된 문자열을 출력하게 된다.

```
void CMFCApplication6View::OnDraw(CDC* pDC)
{
    CMFCApplication6Doc* pDoc = GetDocument();
    ASSERT_VALID(pDoc);
    if (!pDoc)
    return;

    // TODO: 여기에 원시 데이터에 대한 그리기 코드를 추가합니다.
    CRect rect;
    GetClientRect(&rect); // 윈도우 클라이언트 영역을 얻는다.
    // 윈도우의 중앙에 타이머를 출력
    pDC->DrawText(m_strTimer, rect, DT_SINGLELINE | DT_CENTER | DT_VCENTER);
}
```

다음은 헤더 파일의 코드 전문이다.

```
// MFCApplication6View.h: CMFCApplication6View 클래스의 인터페이스
//
```

```
#pragma once

class CMFCApplication6View : public CView
{
protected: // serialization에서만 만들어집니다.
    CMFCApplication6View();
    DECLARE_DYNCREATE(CMFCApplication6View)

public:
    CString m_strTimer;

// 특성입니다.
public:
    CMFCApplication6Doc* GetDocument() const;

// 작업입니다.
public:

// 재정의입니다.
public:
    virtual void OnDraw(CDC* pDC);  // 이 뷰를 그리기 위해 재정의되었습니다.
    virtual BOOL PreCreateWindow(CREATESTRUCT& cs);
protected:
    virtual BOOL OnPreparePrinting(CPrintInfo* pInfo);
    virtual void OnBeginPrinting(CDC* pDC, CPrintInfo* pInfo);
    virtual void OnEndPrinting(CDC* pDC, CPrintInfo* pInfo);

// 구현입니다.
public:
    virtual ~CMFCApplication6View();
#ifdef _DEBUG
    virtual void AssertValid() const;
    virtual void Dump(CDumpContext& dc) const;
#endif

protected:
```

```
// 생성된 메시지 맵 함수
protected:
    DECLARE_MESSAGE_MAP()
public:
    afx_msg int OnCreate(LPCREATESTRUCT lpCreateStruct);
    afx_msg void OnTimer(UINT_PTR nIDEvent);
};

#ifndef _DEBUG  // MFCApplication6View.cpp의 디버그 버전
inline CMFCApplication6Doc* CMFCApplication6View::GetDocument() const
   { return reinterpret_cast<CMFCApplication6Doc*>(m_pDocument); }
#endif
```

다음은 Cpp 파일의 코드 전문이다.

```
// MFCApplication6View.cpp: CMFCApplication6View 클래스의 구현
//

#include "stdafx.h"
// SHARED_HANDLERS는 미리 보기, 축소판 그림 및 검색 필터 처리기를 구현하는 ATL
프로젝트에서 정의할 수 있으며
// 해당 프로젝트와 문서 코드를 공유하도록 해 줍니다.
#ifndef SHARED_HANDLERS
#include "MFCApplication6.h"
#endif

#include "MFCApplication6Doc.h"
#include "MFCApplication6View.h"

#ifdef _DEBUG
#define new DEBUG_NEW
#endif
```

```
// CMFCApplication6View

IMPLEMENT_DYNCREATE(CMFCApplication6View, CView)

BEGIN_MESSAGE_MAP(CMFCApplication6View, CView)
    // 표준 인쇄 명령입니다.
    ON_COMMAND(ID_FILE_PRINT, &CView::OnFilePrint)
    ON_COMMAND(ID_FILE_PRINT_DIRECT, &CView::OnFilePrint)
    ON_COMMAND(ID_FILE_PRINT_PREVIEW, &CView::OnFilePrintPreview)
    ON_WM_CREATE()
    ON_WM_TIMER()
END_MESSAGE_MAP()

// CMFCApplication6View 생성/소멸

CMFCApplication6View::CMFCApplication6View()
{
    // TODO: 여기에 생성 코드를 추가합니다.
}

CMFCApplication6View::~CMFCApplication6View()
{
}

BOOL CMFCApplication6View::PreCreateWindow(CREATESTRUCT& cs)
{
    // TODO: CREATESTRUCT cs를 수정하여 여기에서
    //  Window 클래스 또는 스타일을 수정합니다.

    return CView::PreCreateWindow(cs);
}

// CMFCApplication6View 그리기

void CMFCApplication6View::OnDraw(CDC* pDC)
{
    CMFCApplication6Doc* pDoc = GetDocument();
    ASSERT_VALID(pDoc);
    if (!pDoc)
```

```
    return;

    // TODO: 여기에 원시 데이터에 대한 그리기 코드를 추가합니다.
    CRect rect;
    GetClientRect(&rect);  // 윈도우 클라이언트 영역을 얻는다
       // 윈도우의 중앙에 타이머를 출력
    pDC->DrawText(m_strTimer, rect, DT_SINGLELINE | DT_CENTER | DT_VCENTER);
}


// CMFCApplication6View 인쇄

BOOL CMFCApplication6View::OnPreparePrinting(CPrintInfo* pInfo)
{
    // 기본적인 준비
    return DoPreparePrinting(pInfo);
}

void CMFCApplication6View::OnBeginPrinting(CDC* /*pDC*/, CPrintInfo* /*pInfo*/)
{
    // TODO: 인쇄하기 전에 추가 초기화 작업을 추가합니다.
}

void CMFCApplication6View::OnEndPrinting(CDC* /*pDC*/, CPrintInfo* /*pInfo*/)
{
    // TODO: 인쇄 후 정리 작업을 추가합니다.
}


// CMFCApplication6View 진단

#ifdef _DEBUG
void CMFCApplication6View::AssertValid() const
{
    CView::AssertValid();
}

void CMFCApplication6View::Dump(CDumpContext& dc) const
{
```

```
    CView::Dump(dc);
}

CMFCApplication6Doc* CMFCApplication6View::GetDocument() const // 디버그되지 않은
버전은 인라인으로 지정됩니다.
{
    ASSERT(m_pDocument->IsKindOf(RUNTIME_CLASS(CMFCApplication6Doc)));
    return (CMFCApplication6Doc*)m_pDocument;
}
#endif //_DEBUG


int CMFCApplication6View::OnCreate(LPCREATESTRUCT lpCreateStruct)
{
    if (CView::OnCreate(lpCreateStruct) == -1)
    return -1;

    // TODO:  여기에 특수화된 작성 코드를 추가합니다.
    SetTimer(0, 1000, NULL);    // 타이머 설정, 1초에 한번씩 WM_TIMER 메시지 발생

    return 0;
}


void CMFCApplication6View::OnTimer(UINT_PTR nIDEvent)
{
    // TODO: 여기에 메시지 처리기 코드를 추가 및/또는 기본값을 호출합니다.
    CTime timer;                //타이머 변수 선언

    timer = CTime::GetCurrentTime();  // 현재 시간얻음

    m_strTimer.Format(_T("현재는 %d년 %d월 %d일 %d시 %d분 %d초"),
    timer.GetYear(), timer.GetMonth(), timer.GetDay(),
    timer.GetHour(), timer.GetMinute(), timer.GetSecond());

    Invalidate();  // 윈도우에 출력

    CView::OnTimer(nIDEvent);
}
```

The C Programming Language

05 소켓 통신 예제

학습목표	1. 윈도우 애플리케이션의 네트워크 프로그래밍에 대해 설명할 수 있다. 2. 소켓에 대해 설명하고 응용할 수 있다.

소켓은 버클리 유닉스 운영 체제에서 개발된 네트워크 프로그래밍 인터페이스이다. 이것을 윈도우 환경에서 사용할 수 있도록 만든 것을 윈도우 소켓(Windows Sockets), 줄여서 윈속(Winsock)이라 한다. 과거 "윈도우95" 운영 체제부터 API에 정식으로 포함되었다.

MFC는 윈속 API를 좀 더 편리하게 사용할 수 있도록 CAsyncSocket과 CSocket 클래스를 제공하고 있다. 또한, CSocketFile 클래스는 소켓을 이용한 통신을 편리하게 하기 위한 부가적인 클래스다.

소켓은 다양한 종류의 프로토콜을 일괄된 인터페이스로 다룰 수 있도록 만든 함수 집합으로 유닉스에서는 시스템 콜(System Cll)로 윈도우에서는 API로 제공되고 있다.

윈도우 소켓 1.X 버전까지는 주로 TCP/IP를 지원했지만 2.X 버전부터는 다양한 종류의 프로토콜을 지원하도록 구조를 변경하고 함수를 추가하였다. 현재 윈도우 소켓 2.X에서 지원하는 프로토콜은 TCP/IP, IPv6(윈도우 XP 이상), IrDA(윈도우 98 이상), Bluetooth(윈도우 XP SP1 이상), IPX/SPX, ATM, DECNet과 같이 다양하다.

윈속 프로그램을 위해 서버 측과 클라이언트 측의 프로그램 실행 순서를 살펴보면 아래와 같다.

[서버 측 코드]

1. 소켓 생성

BOOL CSocket::Create(UINT nSocketPort=0, int nSocketType=SOCK_STREAM, LPCTSTR lpszSocketAddress=NULL);

- 소켓 포트 번호는 반드시 지정해야 한다.
- UDP를 사용하려면 SOCK_DGRAM으로 지정
- IP 주소가 2개 이상인 컴퓨터에서만 의미 있고 그냥 기본값 사용

2. 외부에서 TCP를 이용한 접속이 가능하도록 한다.

BOOL AsyncSocket::Listen(int nConnectionBlocking=5);

- nConnectionBlocking : 당장 서버가 처리하지 않아도 접속할 수 있는 클라이언트의 최대 숫자이며 기본값 사용

3. 접속한 클라이언트와 통신할 수 있도록 새로운 소켓을 생성한다.

BOOL CSocket::Accept(CAsyncSocket& rConnectedSocket, SOCKADDR* lpSockAddr=NULL, int* lpSockAddrLen=NULL);

- rConnectedSocket : 접속한 클라이언트와 연결된 소켓 저장
- lpSockAddr : 접속한 클라이언트의 IP 주소
- lpSockAddrLen : 접속한 클라이언트의 포트 번호

rConnectedSocket 에 전달하고, lpSockAddr과 lpSockAddrlen 값으로 클라이언트의 IP와 포트 번호를 알 수 있다.

4. 접속한 클라이언트 정보를 얻는다.

BOOL CAsyncSocket::GetPeerName(CString& rPeerAddress, UINT& rPeerPort);

- rPeerAddress : 클라이언트의 IP주소 저장
- rPeerPort : 클라이언트의 포트 번호 저장

5. 클라이언트가 보낸 데이터를 받는다.

int CSocket::Receive(void* lpBuf, int nBufLen, int nFlags=0);

- lpBuf : 데이터 수신 버퍼의 주소
- nBufLen : 수신 버퍼의 크기
- nFlags : 기본값 사용

6. 소켓을 닫는다.

void CSocket::Close()

지역 변수로 선언된 경우 CSocket 클래스의 소멸자가 호출되어 CSocket::Close()를 자동으로 호출하게 되므로 코드상에서 Close() 호출을 생략할 수 있다.

[클라이언트 코드]

1. 서버 접속

BOOL CAsyncSocket::Connect(LPCTSTR lpszHostAddress, UINT nHostPort);

- lpszHostAddress : 서버의 주소
- nHostPost : 서버의 포트 번호

2. 데이터 전송

int CAsyncSocket::Send(const void* lpBuf, int nBufLen, int nFlags=0);

- lpBuf : 송신 버퍼의 주소
- nBufLen : 송신 버퍼 크기
- nFlags : 기본값 사용

3. 소켓 닫기

void CSocket::Close();

윈속 응용 프로그램을 제작하기 위해서는 비주얼 스튜디오를 2개 실행해서 응용 프로그램을 서버용과 클라이언트용으로 2개 작성을 해야 한다. 프로그램의 내부를 자세히 이해하기 위해서 콘솔 응용 프로그램으로 제작하도록 하며 데이터 통신시 문자 조합 오류를 방지하기 위해서 문자 집합은 멀티바이트 문자 집합을 사용한다.

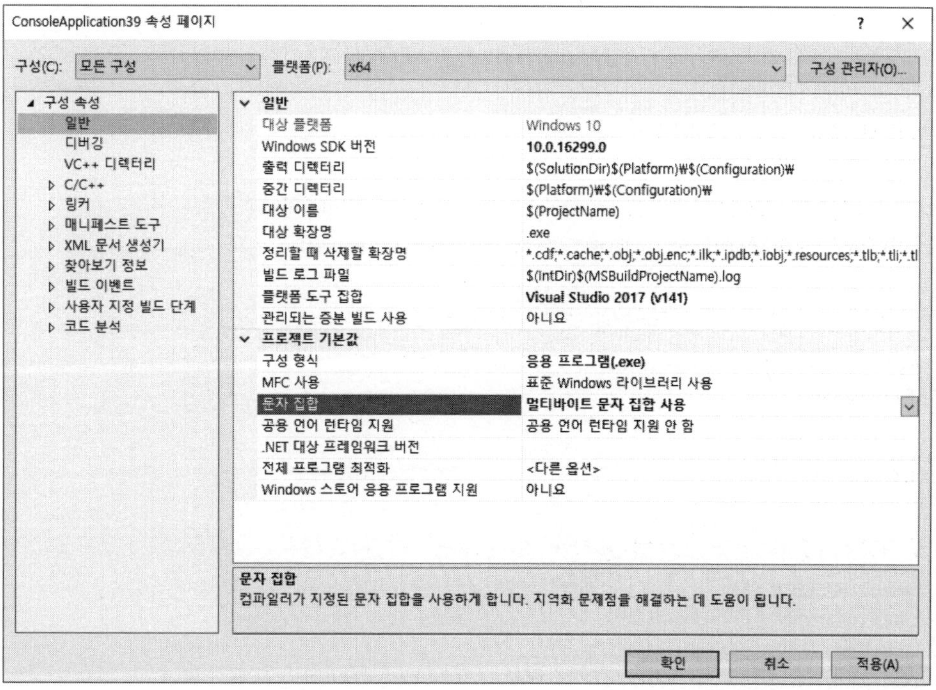

다음은 서버 프로그램 전문이다.

```
// ConsoleApplication39.cpp: 콘솔 응용 프로그램의 진입점을 정의합니다.
//


#include "stdafx.h"

#define _AFXDLL
#include <afxsock.h>
#include <iostream>
```

```
using namespace std;

int main()
{
    int nRetCode = 0;

    HMODULE hModule = ::GetModuleHandle(nullptr);

    if (hModule != nullptr)
    {
    // MFC를 초기화합니다. 초기화하지 못한 경우 오류를 인쇄합니다.
    if (!AfxWinInit(hModule, nullptr, ::GetCommandLine(), 0))
    {
    // TODO: 오류 코드를 필요에 따라 수정합니다.
    printf("Fatal Error: Cann't it initialize MFC.\n");
    nRetCode = 1;
    }
    else
    {
    // TODO: 응용 프로그램의 동작은 여기에서 코딩합니다.
    if (!AfxSocketInit())
    {
    cout << "Socket Initialize Error.";
    return 1;
    }

    CSocket sock;
    if (!sock.Create(8000))
    cout << sock.GetLastError();
    if (!sock.Listen())
    cout << sock.GetLastError();
    cout << "Server" << endl;
    TCHAR buf[256];

    while (1)
    {
    CSocket newsork;
```

```
    if (!sock.Accept(newsork))
    cout << sock.GetLastError();
    CString PeerAddress;
    UINT PeerPort;
    newsork.GetPeerName(PeerAddress, PeerPort);
    cout << "Connection from ";
    cout << PeerAddress;
    cout << " : ";
    cout << PeerPort << endl;
    while (1)
    {
    int retval;
    retval = newsork.Receive(buf, 256);
    if (retval == SOCKET_ERROR)
    {
    cout << sock.GetLastError();
    break;
    }
    else if (retval == 0)
    break;
    else
    cout << buf;
    }
    newsork.Close();
    cout << endl;
    }
    }
    return nRetCode;
    }
    else
    {
    // TODO: 오류 코드를 필요에 따라 수정합니다.
    cout << "Fatal Error: GetModuleHandle 실패₩n";
    nRetCode = 1;
    }

    return nRetCode;
}
```

다음은 클라이언트 프로그램 전문이다.

```
// ConsoleApplication40.cpp: 콘솔 응용 프로그램의 진입점을 정의합니다.
//
#include "stdafx.h"

#define _AFXDLL
#include <afxsock.h>
#include <iostream>

using namespace std;

int main()
{
    int nRetCode = 0;

    HMODULE hModule = ::GetModuleHandle(nullptr);

    if (hModule != nullptr)
    {
    // MFC를 초기화합니다. 초기화하지 못한 경우 오류를 인쇄합니다.
    if (!AfxWinInit(hModule, nullptr, ::GetCommandLine(), 0))
    {
    // TODO: 오류 코드를 필요에 따라 수정합니다.
    cout << "심각한 오류: MFC를 초기화하지 못했습니다.₩n";
    nRetCode = 1;
    }
    else
    {
    // TODO: 응용 프로그램의 동작은 여기에서 코딩합니다.
    if (!AfxSocketInit())
    {
    cout << "소켓 초기화에 실패했습니다";
    return 1;
    }

    CSocket sock;
```

```
    if (!sock.Create())
    cout << sock.GetLastError();
    if (!sock.Connect(_T("127.0.0.1"), 8000))
    cout << sock.GetLastError();
    cout << "클라이언트입니다." << endl;
    char buf[256];
    for (int i = 0; i < 10; i++)
    {
    sprintf_s(buf, "Test Message[%d].₩n", i);
    if (sock.Send(buf, 256) == SOCKET_ERROR)
    cout<<sock.GetLastError();
    cout << i << "번 메시지를 보냈습니다." << endl;
    Sleep(1000);
    }
    sock.Close();
    }
    return nRetCode;
    }
    else
    {
    // TODO: 오류 코드를 필요에 따라 수정합니다.
    cout << "심각한 오류: GetModuleHandle 실패₩n";
    nRetCode = 1;
    }

    return nRetCode;
}
```

III. OpenCV 활용 영상 처리

단원 소개

OpenCV는 라이브러리 중 하나로서 영상 처리 또는 영상 인식 관련 소스들을 모아 놓은 라이브러리이다. OpenCV가 나오기 전에는 Computer Vision 기술은 대학 또는 대학원의 심화과정 이상으로서 수학적 접근이 필요한 학문이었다. 2000년에 글로벌 기업인 Intel에서 수학적인 기능들을 라이브러리화하면서 영상 처리 관련 기능들을 라이브러리화하여 공개하였고, 이로 인해 2000년 이후에 영상 처리 분야가 급격하게 발전하였다. 지금까지 C, C++언어에 대해 예제를 통해서 프로그래밍 방법을 살펴보았으며 간단한 윈도우 프로그래밍을 통해 스크린에 그래픽을 출력해 보았다. 이제 기본적인 영상 처리 기법을 OpenCV 라이브러리를 활용하여 구현해 보도록 한다.

The C Programming Language

01 영상 처리 기초

학습목표	
	1. OpenCV 라이브러리를 이해하고 설명할 수 있다. 2. 픽셀 처리 기반 영상 인식을 설명할 수 있다. 3. 공간 필터링 기반 영상 인식을 설명할 수 있다.

1. OpenCV 개요

OpenCV는 라이브러리 중 하나로서 영상 처리 또는 영상 인식 관련 소스들을 모아 놓은 라이브러리이다. OpenCV가 나오기 전에는 Computer Vision 기술은 대학 또는 대학원의 심화과정 이상으로서 수학적 접근이 필요한 학문이었다. 2000년에 글로벌 기업인 Intel에서 수학적인 기능들을 라이브러리화하면서 영상 처리 관련 기능들을 라이브러리화하여 공개하였고, 이로 인해 2000년 이후에 영상 처리 분야가 급격하게 발전하였다.

OpenCV 라이브러리는 C와 C++로 개발되었기 때문에 컴파일 환경만 설정해 주면 바로 사용이 가능하다. OpenCV는 OpenCV 홈페이지의 Release 메뉴에 방문하면 항상 최신 버전의 라이브러리를 다운로드할 수 있다.

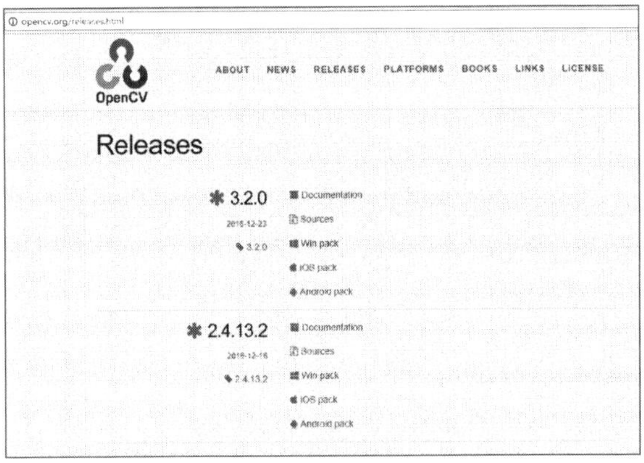

〈그림 Ⅲ-1〉 OpenCV 릴리즈 사이트

다운로드가 끝나면 OpenCV를 먼저 설치해 준다. 본 교재에서는 Visual Studio Community 2017과 OpenCV 3.2.0을 사용하여 설명한다.

2. OpenCV 라이브러리 설정

Visual Studio를 실행시킨 뒤 "파일" -〉 "새로 만들기" -〉 "프로젝트 메뉴"를 누르면 아래와 같은 새 프로젝트 생성 팝업 윈도우가 열린다.

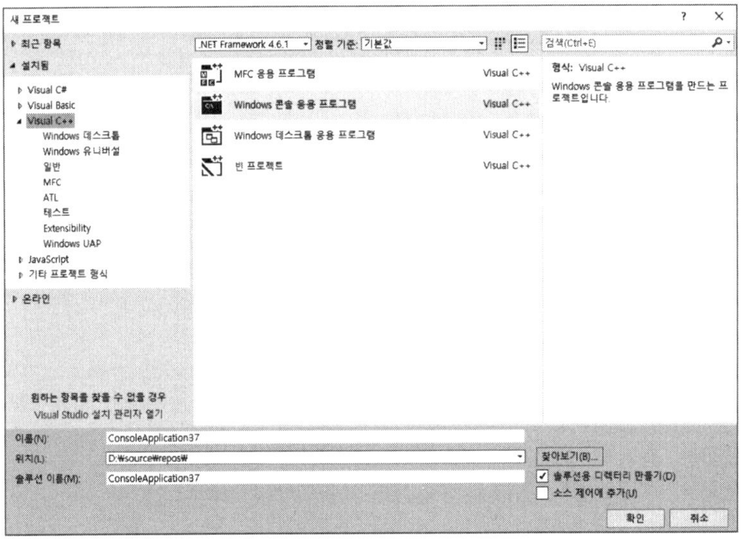

〈그림 Ⅲ-2〉 Visual Studio의 새 프로젝트 생성 윈도우

윈도우 좌측의 템플릿 중에서 "Visual C++"를 선택한 뒤 중앙에서 "Windows 콘솔 응용 프로그램"을 선택한다. 하단의 프로젝트 생성 "위치"와 "이름"을 적절히 선택한 뒤 "확인" 버튼을 누르면 프로젝트 생성이 완료된다.

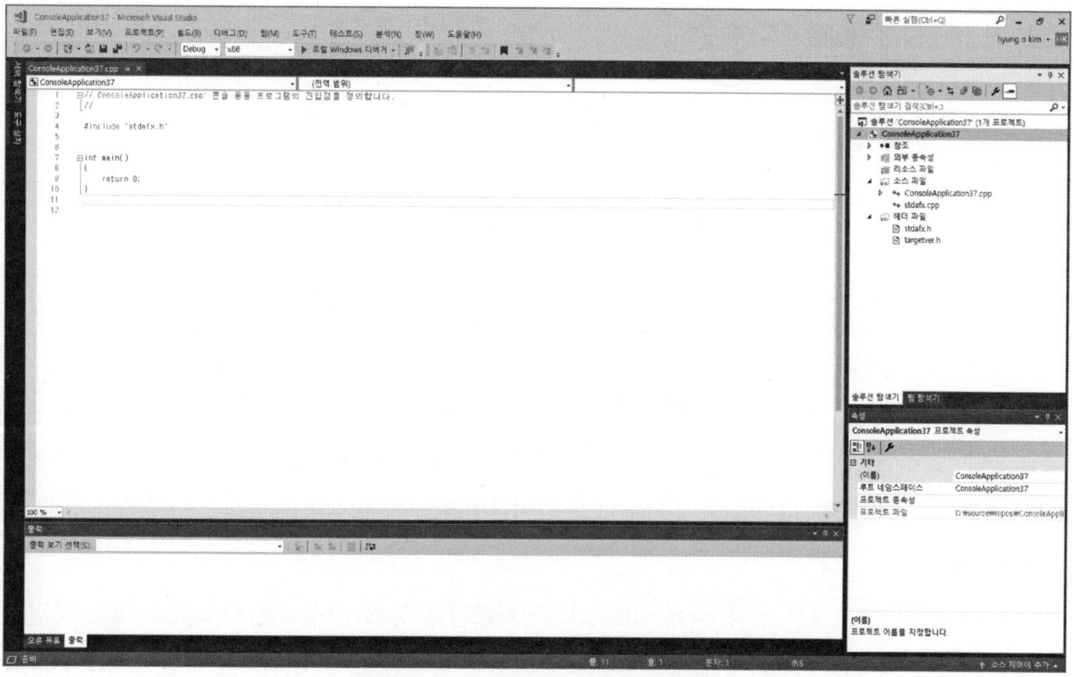

〈그림 Ⅲ-3〉 새 프로젝트 생성 화면

Visual Studio의 메뉴에서 "프로젝트" -〉 "속성"을 선택하면 아래와 같이 프로젝트 속성 팝업 윈도우가 나타난다. 속성 윈도우의 상단 구성 메뉴에서 "모든 구성"과 플랫폼 메뉴에서 "x64"를 선택한다. 여기서 구성 메뉴는 "Debug" 모드와 "Release" 모드 "모든 구성"으로 나뉘는데, Debug 모드는 구현된 프로그램의 컴파일 과정에서 디버깅 정보를 실행 파일에 저장해 둠으로써 실행 속도가 Release 모드 대비 상대적으로 느리다. Release 모드는 디버깅 정보를 배제하고 실행 속도 향상을 위해 최적화 절차를 진행하므로 디버깅 모드 대비 실행 속도가 빠르다. "모든 구성"은 Debug 모드와 Release 모드의 컴파일 환경을 함께 적용시켜 주는 메뉴이다.

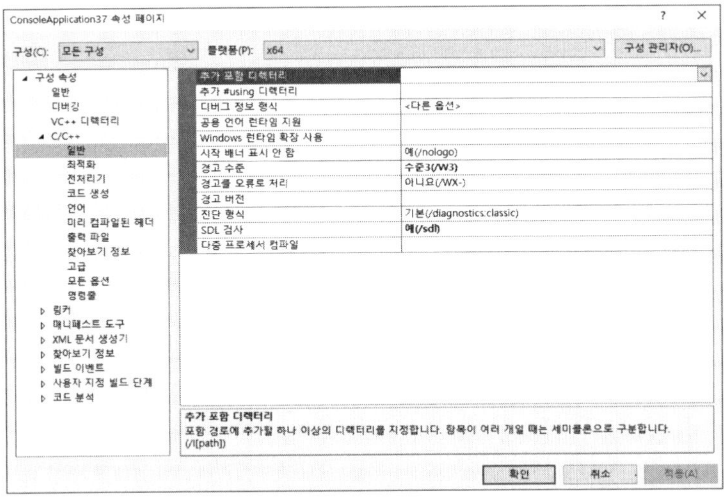

〈그림 Ⅲ-4〉 x64 플랫폼과 Debug와 Release를 모두 선택한 화면

이제부터 OpenCV 라이브러리 사용을 위한 환경 설정을 진행하겠다. 먼저 라이브러리에 포함된 함수 선언부, 즉 헤더 파일의 경로를 지정하기 위해서는 속성창의 좌측의 "C/C++" -〉 "일반"을 선택한다. 중앙의 "추가 포함 디렉터리"에 OpenCV 라이브러리 설치 디렉터리 밑의 "\build\include"를 선택해 준다.

Opencv 응용 프로그램 제작 시에 #include 전처리기를 통해 지정되는 OpenCV 헤더 파일들(*.h)은 여기서 지정된 디렉터리에서 파일을 찾게 된다. 다음은 함수 정의부, 즉 라이브러리 파일 "*.lib"의 경로를 지정하겠다.

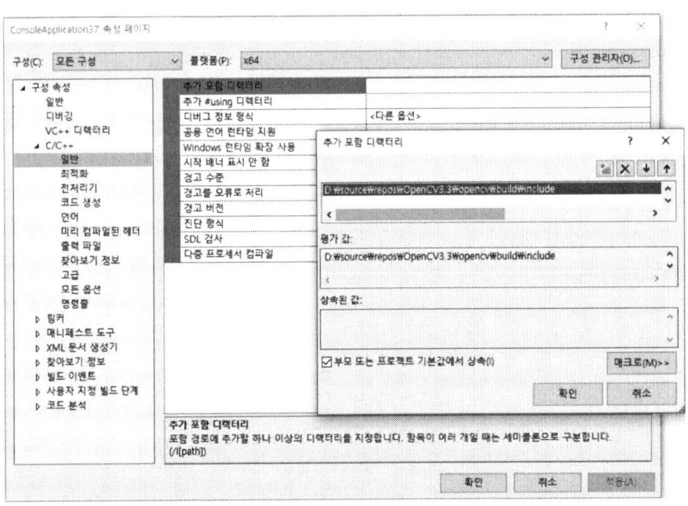

〈그림 Ⅲ-5〉 OpenCV 헤더 파일 경로 지정

다음은 좌측 메뉴에서 "링커" -> "일반"을 선택하고 중앙의 항목 중 "추가 라이브러리 디렉터리"에 OpenCV 라이브러리 설치 디렉터리 밑의 "\build\x64\vc14\lib"을 선택한다.

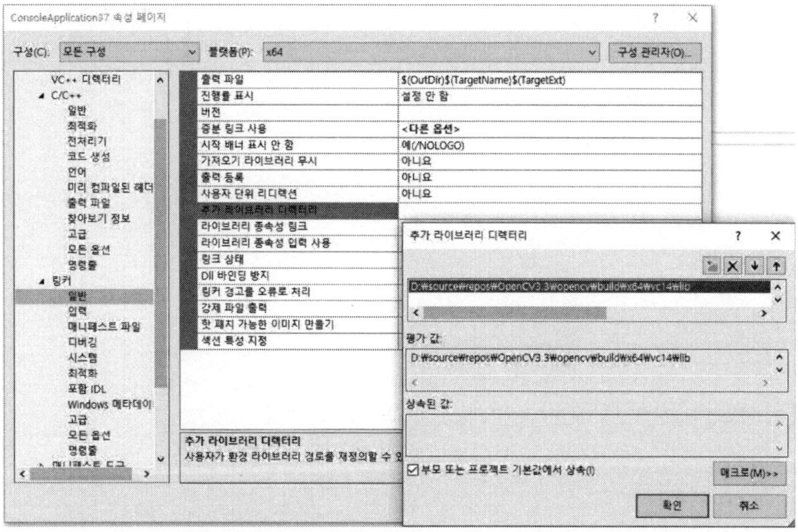

〈그림 Ⅲ-6〉 OpenCV 라이브러리 파일 경로 지정

라이브러리는 보통 소스에서 지정할 수 없기 때문에 정확하게 사용하고자 하는 라이브러리를 설정창에서 아래와 같이 "opencv_world331d.lib"로 지정해 주어야 한다.

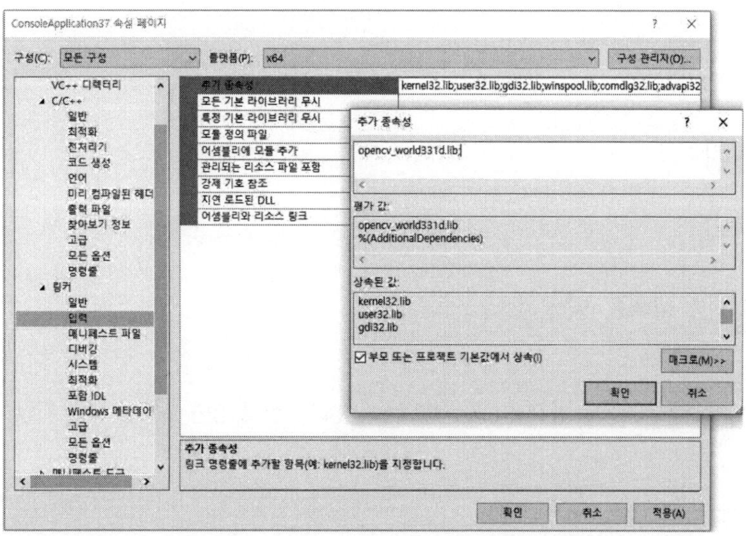

〈그림 Ⅲ-6〉 opencv_world331d.lib; 지정

여기서 중요한 점은 윈도우즈 응용 프로그램들은 기본적으로 라이브러리 파일을 동적 링킹으로 사용한다. 동적 링킹은 실행 파일에 라이브러리가 포함되지는 않고 실행 시 별도의 라이브러리 파일(*.DLL)을 요구하게 된다. 다음 설정은 위와 같은 연유로 실행 시 필요로 하는 라이브러리 파일의 위치(PATH=D:\source\repos\OpenCV3.3\opencv\build\x64\vc14\bin;%PATH%)를 지정한다.

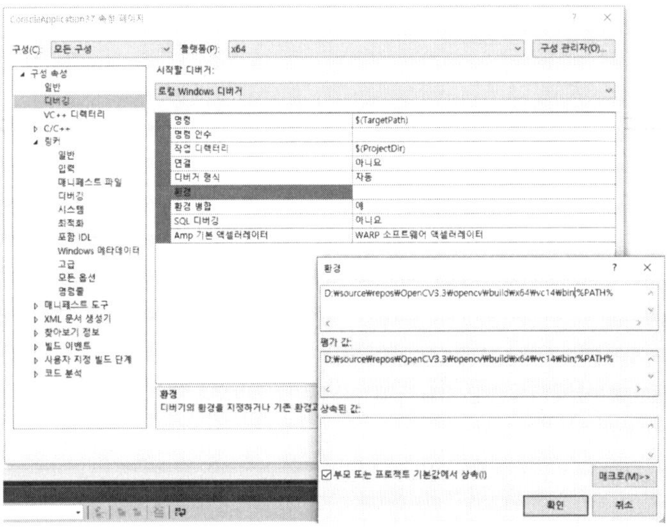

〈그림 Ⅲ－7〉 DLL 라이브러리 위치 지정

3. 픽셀 처리

1) 색 공간 변환

(1) RGB 영상 및 회색조 영상

비전 센서를 통해서 취득되는 영상은 픽셀로 구성되어 있다고 앞서 설명하였다. 픽셀은 컬러를 표현하기 위해서 아래와 같이 적색(Red), 녹색(Green), 청색(Blue)으로 구성된다.

Red(8bit)	Green(8bit)	Blue(8bit)

적색/녹색/청색은 각각 0~256레벨로 세분화되어 표시되며 256×256×256=65536 3채널의 색상이 합쳐져서 표현되는 색상은 총 65,536가지가 된다. 따라서 화면에 출력되는 모든 영상 이미지는 픽셀 수에 3Byte를 곱한 만큼 메모리가 필요하다.

3채널의 레벨이 동일한 경우에는 무채색, 즉 회색조 이미지가 나온다. 따라서 일반적으로 컬러 영상을 회색조로 변환하고자 할 때는 아래와 같이 3채널의 레벨의 평균을 계산하여 이용한다.

$$Gray = \frac{Red + Green + Blue}{3}$$

또한, 회색조의 이미지를 흑백으로 변환하고자 할 때는 다음과 같이 기준 레벨을 정해서 변환하게 된다.

$$\begin{aligned} Black &= Gray < Threshold, \\ White &= Gray > Threshold \end{aligned}$$

위의 이론을 바탕으로 C로 영상 파일을 로드하여 회색조 영상과 흑백 영상을 변환하는 예제를 실습해 보도록 하자.

(2) 영상 파일 출력과 픽셀 연산

OpenCV 라이브러리를 사용하기 위해서는 앞서 2장에서 설명한 것과 같이 프로젝트를 생성한 뒤 컴파일 환경 설정을 통해 헤더 파일과 라이브러리를 설정해 주어야 한다. 지금부터는 소스를 살펴보며 OpenCV 활용 방법에 대해 살펴보겠다.

OpenCV에서 기본적으로 영상 파일을 읽어 들이고 이를 출력하기 위해서는 "core.hpp", "imgproc.hpp", "highgui.hpp"를 코드 시작 부분에 포함시켜야 한다. 그리고 OpenCV의 다양한 함수를 사용할 때 "cv"를 일일이 지정하지 않기 위해서 namespace를 선언해 주어야 한다.

```
// ConsoleApplication37.cpp: 콘솔 응용 프로그램의 진입점을 정의합니다.
//

#include "stdafx.h"
#include "opencv2/core.hpp"
```

```
#include "opencv2/imgproc.hpp"
#include "opencv2/highgui.hpp"

using namespace cv;

int main()
{
    Mat img;
    img = imread("image.jpg", 1);
    namedWindow("image", WINDOW_AUTOSIZE);
    imshow("image", img);
    waitKey();
    return 0;
}
```

main() 함수 안의 코드를 살펴보자. 먼저 Mat은 OpenCV에서 사용하는 자료형으로서 영상을 직관적으로 접근하여 픽셀 또는 영상 단위로 제어할 수 있다.

Mat 자료형으로 img를 선언한 뒤 imread 함수를 통해 영상 파일을 읽어서 img에 저장한다. 일반적인 윈도우 응용 프로그램을 제작할 경우에는 영상 파일 포맷(*.bmp, *.jpg 등)에 따라 인코딩 및 디코딩을 해주어야 하지만 OpenCV에서는 이 과정을 imread 함수 하나에 모두 내재해 두었기에 이를 신경 쓰지 않아도 된다.

namedWindow 함수는 OpenCV의 처리 결과를 화면에 출력시키기 위해 윈도우를 생성하는 함수이다. imshow 함수는 namedWindow 함수로 생성된 윈도우에 데이터를 출력하기 위한 함수이다. 끝으로 waitKey는 키보드 입력을 대기하는 함수이다.

위 프로그램을 실행하기 위해서는 코드가 위치한 폴더 내에 image.jpg를 저장해 두어야 한다. 영상 파일은 컬러로 아무 영상이나 사용해도 문제가 없다. OpenCV는 컬러 영상을 흑백 영상으로 손쉽게 변환하는 함수를 제공하고 있지만 본 예제에서는 OpenCV의 픽셀 단위 제어 연습을 위해 픽셀별로 읽어 들인 뒤에 흑백 영상으로 변환하는 과정을 연습해 보겠다.

〈그림 Ⅲ-8〉 영상 출력 결과 (좌)원본 영상 (중)그레이 영상 (우)흑백 영상

Mat 자료형에서 각 위치별 픽셀에 접근하여 데이터를 읽거나 변경하기 위해서는 다음과 같이 사용할 수 있다. Mat 자료형의 at 메소드를 사용하면 되며, 각 픽셀의 자료형을 〈 〉 괄호 안에 기입을 해두고 픽셀의 위치를 (,) 기입한다. 끝으로 픽셀별 데이터 구조를 고려하여 BGR 3바이트를 개별 적으로 제어가 가능하다.

구분	코드
Gray 흑백 영상의 경우	Image.at〈uchar〉(x, y);

BGR 컬러 영상의 경우	Image.at〈Vec3b〉(x, y)[0]; // Blue
	Image.at〈Vec3b〉(x, y)[1]; // Green
	Image.at〈Vec3b〉(x, y)[2]; // Red

BGR각 채널별로 데이터를 읽어 들이고 평균을 계산한다. 평균값은 grayimg에 픽셀별 위치에 입력한다. 끝으로 기준값(threshold)보다 낮은 경우 0, 높은 경우 255로 설정한다.

```
#include "stdafx.h"
#include "opencv2/core.hpp"
#include "opencv2/imgproc.hpp"
#include "opencv2/highgui.hpp"
```

```
using namespace cv;

int main()
{
    Mat img;    // Mat자료형 img변수 선언
    img = imread("image.jpg", 1);   // image.jpg파일을 읽어들여 img에 저장

    Mat grayimg(img.rows, img.cols, CV_8UC1);                //1채널 unsigned char
    Mat bwimg(img.rows, img.cols, CV_8UC1);                  //1채널 unsigned char

    for(int h=1; h<img.rows; h++)
    for (int w = 1; w < img.cols; w++)
    {
    grayimg.at<uchar>(h, w) = (img.at<Vec3b>(h, w)[0] +
    img.at<Vec3b>(h, w)[1] +
    img.at<Vec3b>(h, w)[2])/3;

    if(grayimg.at<uchar>(h, w) < 128)
    bwimg.at<uchar>(h, w) = 0;
    else
    bwimg.at<uchar>(h, w) = 255;
    }

    namedWindow("image", WINDOW_AUTOSIZE);
    imshow("image", img);
    namedWindow("grayimage", WINDOW_AUTOSIZE);
    imshow("grayimage", grayimg);
    namedWindow("bwimage", WINDOW_AUTOSIZE);
    imshow("bwimage", bwimg);
    waitKey();
    return 0;
}
```

(3) RGB 채널 분리 및 YCbCr 변환

앞서 예제를 통해서 RGB 채널의 영상에서 채널별 데이터의 의미를 이해할 수 있었을 것이다. 이번 예제에서는 RGB 채널의 의미를 이해하는 차원에서 R, G, B 채널을 분리해서 출력하는 방법과 YCbCr 포맷으로의 변환하는 코드를 작성해 보도록 하겠다.

중첩 for 루프를 이용해서 입력 영상의 픽셀별 데이터를 읽어 들이고 이를 채널별로 나누어서 각기 다른 위치에 출력한다.

```
// R, G, B채널 분리
rgbSepeartedimg.at<Vec3b>(h, w)[0] = img.at<Vec3b>(h, w)[0];
rgbSepeartedimg.at<Vec3b>(h, w)[1] = 0;
rgbSepeartedimg.at<Vec3b>(h, w)[2] = 0;
rgbSepeartedimg.at<Vec3b>(h, w+ img.cols)[0] = 0;
rgbSepeartedimg.at<Vec3b>(h, w + img.cols)[1] = img.at<Vec3b>(h, w)[1];
rgbSepeartedimg.at<Vec3b>(h, w + img.cols)[2] = 0;
rgbSepeartedimg.at<Vec3b>(h, w+ img.cols*2)[0] = 0;
rgbSepeartedimg.at<Vec3b>(h, w + img.cols * 2)[1] = 0;
rgbSepeartedimg.at<Vec3b>(h, w + img.cols * 2)[2] = img.at<Vec3b>(h, w)[2];
```

다음은 RGB 오리지널 영상을 Y, Cb, Cr 채널로 변환해서 분리하여 출력하는 코드를 btnYCbCr_Click 메서드에 다음과 같이 코드를 작성한다. 중첩 for 루프와 GetPixel을 이용한 픽셀 데이터를 읽어 들이는 코드는 RGB 채널을 분리하는 부분과 동일하다. 여기서 중요한 부분은 16진수 표기법과 고정소수점 나눗셈 연산법이다. 먼저 16진수 표기법은 아래와 같이 10진수의 각 숫자에 해당하는 16진수 문자를 사용하면 된다.

10진수	0	1	2	3	4	5	6	7	8	9	10	11	12	13	14	15
16진수	0	1	2	3	4	5	6	7	8	9	A	B	C	D	E	F

10진수 : 255 16진수 : 0xFF	10진수 : 180 16진수 : 0xB4	10진수 : 64 16진수 : 0x40

RGB에서 YCbCr로 변환하기 위한 연산식은 아래와 같다.

$$Y = 0.299 \times R + 0.587 \times G + 0.114B$$
$$Cb = 0.564 \times (B - Y)$$
$$Cr = 0.713 \times (R - Y)$$

아래는 RGB 채널별로 데이터를 분리해서 출력한 결과 영상이다.

〈그림 Ⅲ-9〉 R, G, B 채널별 출력 결과

아래는 Y, Cb, Cr 채널별로 데이터를 분리해서 출력한 결과 영상이다.

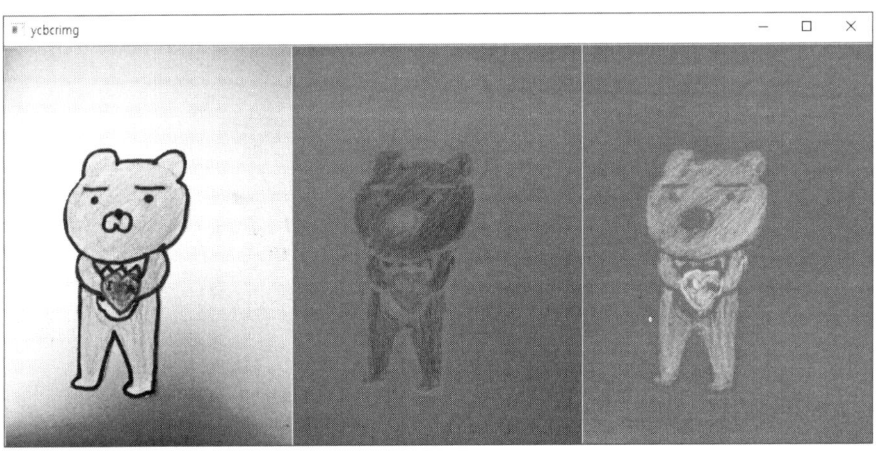

〈그림 Ⅲ-10〉 Y, Cb, Cr 채널별 출력 결과

```
#include "stdafx.h"
#include "opencv2/core.hpp"
#include "opencv2/imgproc.hpp"
#include "opencv2/highgui.hpp"

using namespace cv;

int main()
{
    Mat img;   // Mat자료형 img변수 선언
    img = imread("image.jpg", 1);  // image.jpg파일을 읽어들여 img에 저장

    Mat rgbSepeartedimg(img.rows, img.cols*3, CV_8UC3);
    Mat ycbcrimg(img.rows, img.cols*3, CV_8UC3);

    int s_Y, s_Cb, s_Cr, s_Red, s_Green, s_Blue;

    for(int h=1; h<img.rows; h++)
    for (int w = 1; w < img.cols; w++)
    {
    // R, G, B채널 분리
    rgbSepeartedimg.at<Vec3b>(h, w)[0] = img.at<Vec3b>(h, w)[0];
    rgbSepeartedimg.at<Vec3b>(h, w)[1] = 0;
    rgbSepeartedimg.at<Vec3b>(h, w)[2] = 0;
    rgbSepeartedimg.at<Vec3b>(h, w+ img.cols)[0] = 0;
    rgbSepeartedimg.at<Vec3b>(h, w + img.cols)[1] = img.at<Vec3b>(h, w)[1];
    rgbSepeartedimg.at<Vec3b>(h, w + img.cols)[2] = 0;
    rgbSepeartedimg.at<Vec3b>(h, w+ img.cols*2)[0] = 0;
    rgbSepeartedimg.at<Vec3b>(h, w + img.cols * 2)[1] = 0;
    rgbSepeartedimg.at<Vec3b>(h, w + img.cols * 2)[2] = img.at<Vec3b>(h, w)[2];

    //Y, Cb, Cr 채널 분리
    s_Red = (int)img.at<Vec3b>(h, w)[2];
    s_Green = (int)img.at<Vec3b>(h, w)[1];
    s_Blue = (int)img.at<Vec3b>(h, w)[0];

    s_Red &= 0xff; s_Green &= 0xff; s_Blue &= 0xff;
```

```
    s_Y = (int)(((19595 * s_Red) >> 16) + ((38470 * s_Green) >> 16) + ((7471 *
s_Blue) >> 16));
    s_Cb = (int)(-((11059 * s_Red) >> 16) - ((21709 * s_Green) >> 16) + ((32768 *
s_Blue) >> 16) + 128);
    s_Cr = (int)(((32768 * s_Red) >> 16) - ((27439 * s_Green) >> 16) - ((5329 *
s_Blue) >> 16) + 128);
    s_Y = (int)((s_Y > 0) ? s_Y : 0); s_Y = (int)((s_Y < 255) ? s_Y : 255);
    s_Cb = (int)((s_Cb > 0) ? s_Cb : 0); s_Cb = (int)((s_Cb < 255) ? s_Cb : 255);
    s_Cr = (int)((s_Cr > 0) ? s_Cr : 0); s_Cr = (int)((s_Cr < 255) ? s_Cr : 255);

    ycbcrimg.at<Vec3b>(h, w)[0] = s_Y;
    ycbcrimg.at<Vec3b>(h, w)[1] = s_Y;
    ycbcrimg.at<Vec3b>(h, w)[2] = s_Y;
    ycbcrimg.at<Vec3b>(h, w+ img.cols)[0] = s_Cb;
    ycbcrimg.at<Vec3b>(h, w+ img.cols)[1] = s_Cb;
    ycbcrimg.at<Vec3b>(h, w+ img.cols)[2] = s_Cb;
    ycbcrimg.at<Vec3b>(h, w + img.cols*2)[0] = s_Cr;
    ycbcrimg.at<Vec3b>(h, w + img.cols*2)[1] = s_Cr;
    ycbcrimg.at<Vec3b>(h, w + img.cols*2)[2] = s_Cr;
    }

    namedWindow("image", WINDOW_AUTOSIZE);
    imshow("image", img);
    namedWindow("rgbSepeartedimg", WINDOW_AUTOSIZE);
    imshow("rgbSepeartedimg", rgbSepeartedimg);
    namedWindow("ycbcrimg", WINDOW_AUTOSIZE);
    imshow("ycbcrimg", ycbcrimg);
    waitKey();
    return 0;
}
```

2) 히스토그램

(1) 히스토그램

영상에서 히스토그램(Histogram)이란 영상의 채널별 레벨에 해당하는 픽셀의 개수를 함수의 형태로 나타낸 것이다. 만약 그레이 스케일의 영상이라면 히스토그램은 다음과 같은 수식으로 표현할 수 있다.

$$H(g) = n_g$$

위 수식에서 g는 그레이 스케일의 레벨을 나타내고, n_g는 그레이 스케일 레벨이 g인 픽셀의 개수를 나타낸다. g가 가질 수 있는 값의 범위는 0부터 255까지이다.

0	13	26	39	126
13	26	39	126	39
26	39	255	39	170
39	126	39	170	13
126	39	170	13	0

< Grayscale Image plane >

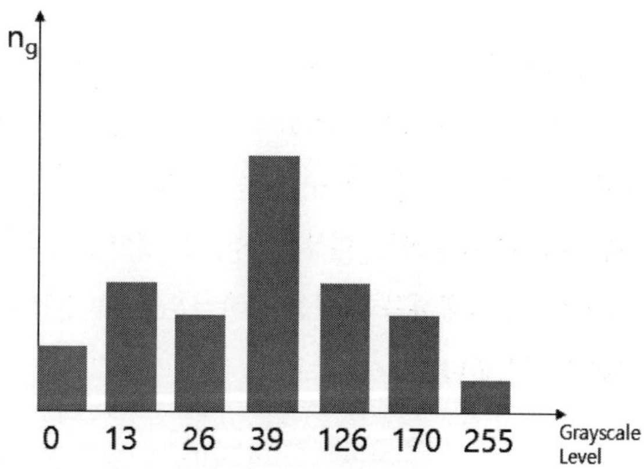

< Grayscale Histogram >

〈그림 Ⅲ－11〉 그레이 스케일 영상(좌)과 히스토그램(우)

$H(g)$함수의 결괏값은 영상의 크기에 따라 크거나 작아질 수 있다. 그래서 n_g를 영상의 전체 픽셀의 개수로 나누어 주는 정규화(Normalization) 과정을 통하여 히스토그램을 표현해야 한다. N은 영상의 전체 픽셀 개수이며 $NormH(g)$는 정규화된 히스토그램 함수이다.

$$NormH(g) = \frac{n_g}{N}$$

(2) 히스토그램 평활화(Histogram Equalization)

컬러의 분포가 한쪽으로 치우치거나 균일하지 못할 경우 가시성이 매우 저하된다. 따라서 컬러 분포가 균일하게 될 수 있도록 히스토그램 평활화(Histogram Equalization)를 수행한다. 히스토그램 평활화의 궁극적인 목적은 일정한 분포를 가진 히스토그램을 생성하는 것이다. 따라서 히스토그램 평활화를 수행한 히스토그램은 보다 균일한 분포를 가질 것이다.

〈그림 Ⅲ-12〉 그레이 스케일 이미지의 히스토그램(좌) 히스토그램 평활화 후 히스토그램(우)

〈그림 III-12〉를 보면 좌측 히스토그램의 우측을 보면 전체적으로 밝은 쪽에 픽셀이 모여 있는 것을 알 수 있다. 하지만 히스토그램 평활화를 수행하면 우측 히스토그램과 같이 전체적으로 픽셀의 분포가 확산된 것을 확인할 수 있다. 즉 영상이 전체적으로 적당한 명도 값을 유지하게 된다. 그러므로 히스토그램 평활화는 영상이 어두운 영역에서 세밀한 부분을 가질 경우 효과적으로 수행된다.

히스토그램 평활화를 수행하는 과정은 먼저 정규화된 히스토그램을 계산한다. 그리고 축적 히스토그램을 생성한다. 마지막으로 축적 히스토그램을 그레이스케일 사상 함수를 이용하여 맵핑한다.

〈그림 Ⅲ-13〉 히스토그램 출력 결과

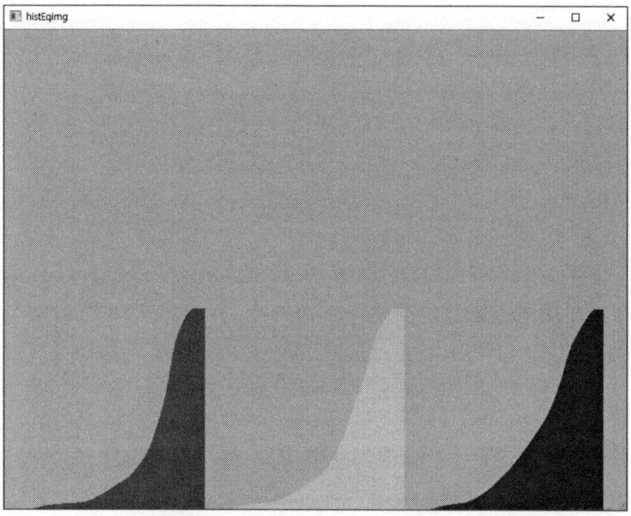

〈그림 Ⅲ-14〉 히스토그램 평활화 결과

```
#include "stdafx.h"
#include "opencv2/core.hpp"
#include "opencv2/imgproc.hpp"
#include "opencv2/highgui.hpp"

using namespace cv;

int main()
{
    Mat img;    // Mat자료형 img변수 선언
    img = imread("image.jpg", 1);   // image.jpg파일을 읽어들여 img에 저장

    Mat histimg(600, 800, CV_8UC3);
    Mat histEqimg(600, 800, CV_8UC3);

    int maxRedHist = 0;
    int maxGreenHist = 0;
    int maxBlueHist = 0;

    int Red[256] = { 0, };
    int Green[256] = { 0, };
```

```
int Blue[256] = { 0, };

int sumRed[256] = { 0, };
int sumGreen[256] = { 0, };
int sumBlue[256] = { 0, };

// R, G, B채널에서 레벨별 빈도 계산
for(int h=1; h<img.rows; h++)
for (int w = 1; w < img.cols; w++)
{
Blue[img.at<Vec3b>(h, w)[0]]= Blue[img.at<Vec3b>(h, w)[0]] +1;
Green[img.at<Vec3b>(h, w)[1]] = Green[img.at<Vec3b>(h, w)[1]] +1;
Red[img.at<Vec3b>(h, w)[2]] = Red[img.at<Vec3b>(h, w)[2]] +1;
}

// R, G, B채널별 총 빈도 합 및 최대빈도 계산
for (int i = 0; i < 256; i++)
{
if (i == 0)
{
sumRed[i] = Red[i];
sumBlue[i] = Blue[i];
sumGreen[i] = Green[i];
}
else
{
sumRed[i] = sumRed[i - 1] + Red[i];
sumGreen[i] = sumGreen[i - 1] + Green[i];
sumBlue[i] = sumBlue[i - 1] + Blue[i];
}

if (maxRedHist <= Red[i])       maxRedHist = Red[i];
if (maxBlueHist <= Blue[i])     maxBlueHist = Blue[i];
if (maxGreenHist <= Green[i])   maxGreenHist = Green[i];
}

// R, G, B채널 히스토그램 출력
for (int i = 1; i < 256; i++)
```

```
{
int RedHist = (Red[i] * histimg.rows / 2) / (maxRedHist);
int BlueHist = (Blue[i] * histimg.rows / 2) / (maxBlueHist);
int GreenHist = (Green[i] * histimg.rows / 2) / (maxGreenHist);
for (int v = 1; v < RedHist; v++)
{
histimg.at<Vec3b>(histimg.rows - v, i)[0] = 0;
histimg.at<Vec3b>(histimg.rows - v, i)[1] = 0;
histimg.at<Vec3b>(histimg.rows - v, i)[2] = 255;
}

for (int v = 1; v < GreenHist; v++)
{
histimg.at<Vec3b>(histimg.rows - v, i+256)[0] = 0;
histimg.at<Vec3b>(histimg.rows - v, i+256)[1] = 255;
histimg.at<Vec3b>(histimg.rows - v, i+256)[2] = 0;
}

for (int v = 1; v < BlueHist; v++)
{
histimg.at<Vec3b>(histimg.rows - v, i + 256*2)[0] = 255;
histimg.at<Vec3b>(histimg.rows - v, i + 256*2)[1] = 0;
histimg.at<Vec3b>(histimg.rows - v, i + 256*2)[2] = 0;
}
}

//히스토그램 이퀄라이제이션 출력
for (int i = 1; i < 256; i++)
{
sumRed[i] = sumRed[i] * 255 / (img.rows*img.cols);
sumBlue[i] = sumBlue[i] * 255 / (img.rows*img.cols);
sumGreen[i] = sumGreen[i] * 255 / (img.rows*img.cols);

for (int v = 1; v < sumRed[i]; v++)
{
histEqimg.at<Vec3b>(histimg.rows - v, i)[0] = 0;
histEqimg.at<Vec3b>(histimg.rows - v, i)[1] = 0;
histEqimg.at<Vec3b>(histimg.rows - v, i)[2] = 255;
```

```
	}
	for (int v = 1; v < sumGreen[i]; v++)
	{
	histEqimg.at<Vec3b>(histimg.rows - v, i + 256)[0] = 0;
	histEqimg.at<Vec3b>(histimg.rows - v, i +256)[1] = 255;
	histEqimg.at<Vec3b>(histimg.rows - v, i + 256)[2] = 0;
	}
	for (int v = 1; v < sumBlue[i]; v++)
	{
	histEqimg.at<Vec3b>(histimg.rows - v, i + 256*2)[0] = 255;
	histEqimg.at<Vec3b>(histimg.rows - v, i + 256 * 2)[1] = 0;
	histEqimg.at<Vec3b>(histimg.rows - v, i + 256 * 2)[2] = 0;
	}
	}

	namedWindow("image", WINDOW_AUTOSIZE);
	imshow("image", img);
	namedWindow("histimg", WINDOW_AUTOSIZE);
	imshow("histimg", histimg);
	namedWindow("histEqimg", WINDOW_AUTOSIZE);
	imshow("histEqimg", histEqimg);
	waitKey();
	return 0;
}
```

4. 공간 필터링

1) 마스크 기반 처리

입력 영상에 주어진 필터[마스크(Mask), 윈도우(Window) 또는 커널(Kernel)로도 지칭됨]로 컨벌루션(Convolution) 연산을 수행함으로써 입력 영상을 필터링하는 방법이다.

마스크 기반 처리를 하는 선형 필터(3×3)의 응답은 필터를 f, 필터링 결과를 g, 입력 영상을 x라 하면 아래와 같은 산술식으로 표현이 가능하다.

$$g(x_5) = f(1)\times x_1 + f(2)\times x_2 + f(3)\times x_3 + f(4)\times x_4 + f(5)\times x_5 + f(6)\times x_6 + f(7)\times x_7 + f(8)\times x_8 + f(9)\times x_9$$

필터링 결괏값은 필터의 정중앙 위치와 대응되는 입력 영상의 정중앙에 저장되기에 x_5 위치에 저장된다. 또한, 필터의 중앙 위치에 결괏값이 저장되므로 필터는 홀수×홀수 크기여야 한다. 예를 들어 필터의 크기는 3×3, 5×5, 7×7과 같다.

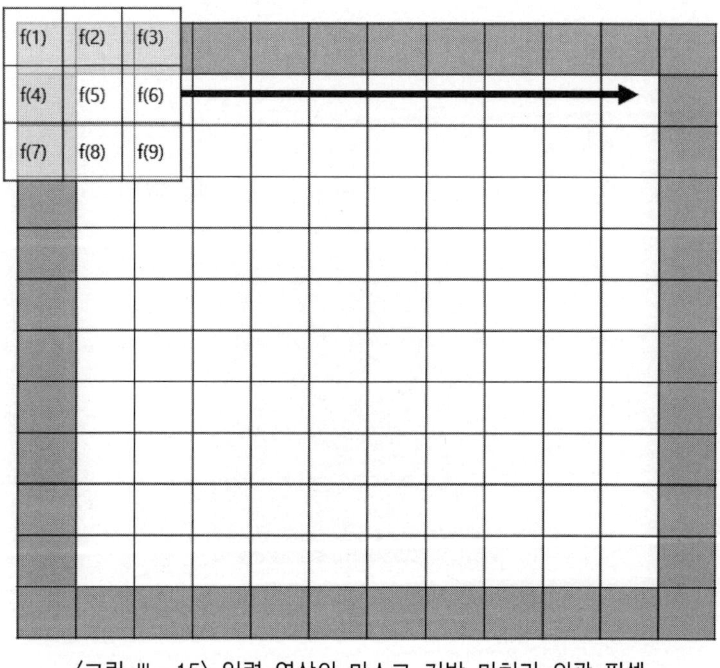

〈그림 Ⅲ-15〉 입력 영상의 마스크 기반 미처리 외곽 픽셀

그런데 이와 같은 마스크 기반 처리는 문제점이 있다. 〈그림 III-15〉와 같이 3×3 마스크의 경우 입력 영상의 외곽 한 줄은 필터링 결괏값이 존재하지 않는다. 5×5 마스크는 입력 영상의 외곽 두 줄을 필터링하지 못한다. 이런 문제를 보완하는 방법으로는 필터링 결과가 없는 부분은 검은색(0)이나 흰색(255)으로 입력하거나 잡음(0~255 사이의 랜덤한 값)으로 채워 버리는 방법이 있다. 또는 비어 있는 픽셀과 가까운 위치에 있는 픽셀의 값과 동일하게 처리하는 방법이 있다.

2) 밴드 패스 필터

(1) 저역 통과 필터(LPF, Low-Pass Filter)

저역 통과 필터(LPF, Low-Pass Filter)는 낮은 주파수 영역의 입력 데이터를 통과시키고 높은 주파수 영역의 입력 데이터를 차단하는 필터이다. 영상 인식의 공간 필터링에서 '저주파' 성분이란 필터링 대상 픽셀과 주변 영역 픽셀 간의 채널별 레벨의 차이가 낮다는 것을 의미한다. 마찬가지로 '고주파' 성분이란 필터링 대상 픽셀과 주변 영역 픽셀 간의 채널별 레벨의 차이가 높다는 것을 말한다. 〈그림 III-16〉을 보면 영상에서 윤곽선 영역(Edge)이 곧 고주파 영역이 된다. 따라서 저역 통과 필터는 윤곽선 영역을 차단하는 필터로써 필터링 영상에서 윤곽선이 많이 희미해지는 효과를 볼 수 있다.

〈그림 Ⅲ－16〉 영상 데이터의 저주파, 고주파 예시

간단히 3×3 저역 통과 필터 마스크를 예를 들면, 다음 표와 같이 가운데 픽셀을 가장 큰 값인 1로 설정하고 중앙과 거리가 조금 먼 픽셀은 0.4, 가장 먼 픽셀은 0.1로 설정한다. 주의할 것은 각 요소들의 가중 합이 1이 되도록 정규화(Normalization)되어야만 한다.

LPF 마스크의 예에서 각 요소들의 합은 $(0.1\times4)+(0.4\times4)+1=3.0$으로 이 마스크를 그냥 사용하면 결과가 3배가 되어 버린다. 따라서 가중 합의 역수인 $\frac{1}{3}$을 결과에 곱해서 노멀라이제이션(Normalization)을 해야 한다.

LPF 예제 마스크

0.1	0.4	0.1
0.4	1.0	0.4
0.1	0.4	0.1

(2) 고역 통과 필터(HPF, High-Pass Filter)

고역 통과 필터는 고주파 성분은 통과시키고 저주파 성분을 차단하는 필터이다. 영상에서 고주파 성분은 물체의 윤곽선 또는 경계선 부분이다. 즉, 하이패스 필터는 고역 강조 외에도 물체의 모서리(Edge)를 검출하는 데 쓰일 수 있다.

HPF 예제 마스크

-1	-1	-1
-1	12	-1
-1	-1	-1

(3) 소벨 연산자(Sobel Operator)

소벨 연산자는 영상에서 윤곽선을 검출하는 데 사용되는 마스크이며, 모든 방향의 윤곽선(Edge)을 추출할 수 있다. 윤곽선을 추출하는 과정은 다음 표와 같은 수직 마스크와 수평 마스크를 각각 입력 영상에 적용한 결과를 합산하는 과정으로 이루어진다.

소벨 연산자의 마스크는 크기가 3×3으로 고정되는 것은 아니고, 5×5로 사용할 수도 있다. 이렇게 마스크가 커지면 윤곽선은 더욱 굵게 추출된다.

소벨 수직 마스크

-1	0	1
-2	0	2
-1	0	1

소벨 수평 마스크

1	2	1
0	0	0
-1	-2	-1

3) 마스크 기반 처리

마스크 기반 처리를 하기 위해서는 데이터에 직접 접근하여 산술 연산을 해야만 한다. 본 예제에서는 앞선 예제들과 같이 콘솔 응용 프로그램에서 처리하는 것과 MFC 응용 프로그램에서 처리하는 2가지 예제를 구현해 보겠다. 또한, 2차원 배열에 데이터를 저장해서 직접 계산하는 방법과 OpenCV 함수를 통해 간단하게 처리를 해보기도 하겠다.

(1) 콘솔 응용 프로그램

마스크 기반, 즉 커널을 이용해서 연산을 하기 위해서는 메모리 접근이 많이 일어나게 된다. 실제 현업에서는 연산 속도를 중시하기 때문에 메모리를 할당할 때 1차원 배열로 할당하여 처리하지만 본 실습에서는 이미지와 메모리 간의 구성을 쉽게 이해하기 위해서 2차원 배열을 이용하여 실습하겠다. 아래 코드는 grayimg를 2차원 배열로 할당하는 코드이다.

```
// 2차원 배열 선언
unsigned char** grayImg = new unsigned char*[img.cols];
for (int i = 0; i < img.cols; ++i)
    grayImg[i] = new unsigned char[img.rows];
```

grayImg는 컬러 영상을 그레이 스케일 이미지로 변환하여 저장하기 위한 배열 변수이다. LFImg, LFImg1, LFImg2 변수는 저주파 통과 필터의 결과를 저장할 배열 변수들이다. kernel, kernel1, kernel2는 각각 3×3 크기의 저주파 통과 필터의 마스크를 저장해 둔 배열 변수들이다.

```
double kernel[3][3] = { { 1, 1, 1 },{ 1, 1, 1 },{ 1, 1, 1 } };
double kernel1[3][3] = { { 1, 1, 1 },{ 1, 4, 1 },{ 1, 1, 1 } };
double kernel2[3][3] = { { 1, 4, 1 },{ 4, 10, 4 },{ 1, 4, 1 } };
```

입력된 컬러 영상을 그레이 스케일 영상으로 변환하는 코드이다. 입력 영상 크기에 맞춰서 중첩 루프를 돌며 GetPixel 메서드로 픽셀의 색상 정보를 colorData 변수에 받아 온 후 SetPixel 메소드로 채널별 레벨의 평균값을 저장한다.

```
for(int h=1; h<img.rows; h++)
    for (int w = 1; w < img.cols; w++)
    {
    grayImg[w][h] = (img.at<Vec3b>(h, w)[0] +
    img.at<Vec3b>(h, w)[1] +
    img.at<Vec3b>(h, w)[2]) / 3;
    resultimg.at<Vec3b>(h, w)[0] = grayImg[w][h];
    resultimg.at<Vec3b>(h, w)[1] = grayImg[w][h];
    resultimg.at<Vec3b>(h, w)[2] = grayImg[w][h];
    }
```

마스크 기반 처리는 아래와 같이 중첩 루프를 사용하여 구현이 된다. u, v 변수를 기준으로 동작하는 2개의 루프는 입력 영상의 각 픽셀 정보를 가져오기 위한 루프이다. m, n을 기준으로 반복하는 루프는 3×3 크기의 마스크의 정보를 가져오기 위한 루프이다. 즉, m, n 기준 중첩 루프가 컨벌루션(Convolution) 연산을 구현한 부분이다. m, n 중첩 루프 다음의 코드는 컨벌루션 계산 결과를 정규화(Normalization)하는 과정으로 각 커널의 원소의 합으로 나눗셈을 하는 코드이다.

```
for (int v = 1; v<img.rows-1; v++)
    for (int u = 1; u < img.cols-1; u++)
    {
    double temp = 0;
    double temp1 = 0;
    double temp2 = 0;
    for (int m = -1; m < 2; m++)
```

```
{
for (int n = -1; n < 2; n++)
{
temp += (double)grayImg[u + m][v + n] * kernel[1 + m][1 + n];
temp1 += (double)grayImg[u + m][v + n] * kernel1[1 + m][1 + n];
temp2 += (double)grayImg[u + m][v + n] * kernel2[1 + m][1 + n];
}
}
LFImg[u][v] = (unsigned char)(temp / 9.0);
LFImg1[u][v] = (unsigned char)(temp1 / 9.0);
LFImg2[u][v] = (unsigned char)(temp2 / 9.0);
}
```

LPF의 동작 결과를 확인하기 위해서 컴파일 후 실행을 시키면 아래 그림과 같이 그레이 스케일로 변환된 영상과 각 커널별 실행 결과가 출력된 것을 확인할 수 있다.

아래 코드는 마스크 기반 LPF의 코드 전부이다.

```
#include "stdafx.h"
#include "opencv2/core.hpp"
#include "opencv2/imgproc.hpp"
#include "opencv2/highgui.hpp"
```

```
using namespace cv;

int main()
{
    Mat img;   // Mat자료형 img변수 선언
    img = imread("image.jpg", 1);  // image.jpg파일을 읽어들여 img에 저장

    Mat resultimg(img.rows, img.cols*4, CV_8UC3);

    // 2차원 배열 선언
    unsigned char** grayImg = new unsigned char*[img.cols];
    for (int i = 0; i < img.cols; ++i)
    grayImg[i] = new unsigned char[img.rows];

    unsigned char** LFImg = new unsigned char*[img.cols];
    for (int i = 0; i < img.cols; ++i)
    LFImg[i] = new unsigned char[img.rows];

    unsigned char** LFImg1 = new unsigned char*[img.cols];
    for (int i = 0; i < img.cols; ++i)
    LFImg1[i] = new unsigned char[img.rows];

    unsigned char** LFImg2 = new unsigned char*[img.cols];
    for (int i = 0; i < img.cols; ++i)
    LFImg2[i] = new unsigned char[img.rows];

    double kernel[3][3] = { { 1, 1, 1 },{ 1, 1, 1 },{ 1, 1, 1 } };
    double kernel1[3][3] = { { 1, 1, 1 },{ 1, 4, 1 },{ 1, 1, 1 } };
    double kernel2[3][3] = { { 1, 4, 1 },{ 4, 10, 4 },{ 1, 4, 1 } };

    // RGB영상을 그레이 영상으로 변환
    for(int h=1; h<img.rows; h++)
    for (int w = 1; w < img.cols; w++)
    {
    grayImg[w][h] = (img.at<Vec3b>(h, w)[0] +
    img.at<Vec3b>(h, w)[1] +
    img.at<Vec3b>(h, w)[2]) / 3;
    resultimg.at<Vec3b>(h, w)[0] = grayImg[w][h];
    resultimg.at<Vec3b>(h, w)[1] = grayImg[w][h];
```

```
resultimg.at<Vec3b>(h, w)[2] = grayImg[w][h];
}

for (int v = 1; v<img.rows-1; v++)
for (int u = 1; u < img.cols-1; u++)
{
double temp = 0;
double temp1 = 0;
double temp2 = 0;
for (int m = -1; m < 2; m++)
{
for (int n = -1; n < 2; n++)
{
temp += (double)grayImg[u + m][v + n] * kernel[1 + m][1 + n];
temp1 += (double)grayImg[u + m][v + n] * kernel1[1 + m][1 + n];
temp2 += (double)grayImg[u + m][v + n] * kernel2[1 + m][1 + n];
}
}
LFImg[u][v] = (unsigned char)(temp / 9.0);
LFImg1[u][v] = (unsigned char)(temp1 / 9.0);
LFImg2[u][v] = (unsigned char)(temp2 / 9.0);
resultimg.at<Vec3b>(v, u + img.cols)[0] = LFImg[u][v];
resultimg.at<Vec3b>(v, u + img.cols)[1] = LFImg[u][v];
resultimg.at<Vec3b>(v, u + img.cols)[2] = LFImg[u][v];
resultimg.at<Vec3b>(v, u + img.cols*2)[0] = LFImg1[u][v];
resultimg.at<Vec3b>(v, u + img.cols*2)[1] = LFImg1[u][v];
resultimg.at<Vec3b>(v, u + img.cols*2)[2] = LFImg1[u][v];
resultimg.at<Vec3b>(v, u + img.cols * 3)[0] = LFImg2[u][v];
resultimg.at<Vec3b>(v, u + img.cols * 3)[1] = LFImg2[u][v];
resultimg.at<Vec3b>(v, u + img.cols * 3)[2] = LFImg2[u][v];
}

namedWindow("image", WINDOW_AUTOSIZE);
imshow("image", img);
namedWindow("resultimg", WINDOW_AUTOSIZE);
imshow("resultimg", resultimg);
waitKey();
return 0;
}
```

실습 과제 9 마스크 기반 처리

메뉴에서 "파일" -> "새로 만들기" -> "프로젝트"를 선택한 뒤 새 프로젝트 팝업 윈도우가 생성되면 좌측 템플릿 선택 공간에서 "Visual C++"을 선택하고 중앙에서 "MFC 응용 프로그램"을 선택한 후 아래 이름, 위치 공간에 적절한 예제명과 디렉터리 위치를 선정한다.

MFC 응용 프로그램의 응용 프로그램 형식 옵션을 선택하는 화면에서 응용 프로그램 종류를 "대화상자 기반"으로 선택한다.

〈그림 Ⅲ-17〉 리소스 뷰 화면

리소스 뷰에서 "Dialog"를 선택하고 기본 버튼 "확인", "취소"를 삭제한 뒤에 위 그림과 같이 도구 상자에서 "Button" 컨트롤을 드래그 앤 드롭하여 생성한다. 아래 속성표를 참조하여 각 버튼별 속성값을 지정한다.

컨트롤별 속성과 속성값

컨트롤 구분	속성명	속성값
Band Pass Filter 버튼	ID	IDC_BTN_BANDPASSFILTER
	Caption	Band Pass Filter
Edge Filter 버튼	ID	IDC_BTN_EDGEFILTER
	Caption	Edge Filter
Exit 버튼	ID	IDC_BTN_EXIT
	Caption	Exit

OpenCV 라이브러리를 사용하기 위해서는 프로젝트의 환경 설정에서 헤더 파일 경로 추가, 라이브러리 파일의 경로 추가, 라이브러리 파일 추가, 디버깅 환경에서 DLL 파일 경로를 추가해 주어야 한다. 자세한 것은 "OpenCV 라이브러리 설정" 챕터를 참조하면 된다.

헤더 파일을 열고 아래와 같이 OpenCV 라이브러리 헤더 파일과 네임스페이스를 추가한다.

```
#include "opencv2/core.hpp"
#include "opencv2/imgproc.hpp"
#include "opencv2/highgui.hpp"

using namespace cv;
```

사용자가 어떤 버튼을 눌렀는지 확인하는 용도로 사용될 열거형을 다음과 같이 헤더 파일에 선언한다.

```
enum BTN_CASE {
    BTN_BANDPASS = 1001,
    BTN_SOBEL,
    BTN_NONE,
};
```

먼저 아래 코드와 같이 헤더 파일의 클래스 선언부 내에 멤버 변수 선언을 해 준다. grayImg는 컬러 영상을 그레이 스케일 이미지로 변환하여 저장하기 위한 Mat 오브젝트이다. LFImg, LFImg1, LFImg2 변수는 저주파 통과 필터의 결과를 저장할 Mat 오브젝트들이다. kernel, kernel1, kernel2는 각각 3×3 크기의 저주파 통과 필터의 마스크를 저장해 둔 배열 변수들이다. SobelYImg, SobelHImg, SobelImg 변수는 소벨 수직, 수평 필터를 통과한 결과 이미지이며, 두 필터 결과를 합성한 결과를 저장하는 배열 변수이다. sobelYmask, sobelHmask는 각각 소벨 수직, 수평 마스크를 저장한 배열 변수들이다.

```
public:
    enum BTN_CASE btn=BTN_NONE;
    Mat img;   // Mat 자료형 img 변수 선언
    Mat resultimg;
    Mat grayImg;
    Mat LFImg;
    Mat LFImg1;
    Mat LFImg2;
    Mat SobelVImg;
    Mat SobelHImg;
    Mat SobelImg;
    double kernel[3][3] = { { 1, 1, 1 },{ 1, 1, 1 },{ 1, 1, 1 } };
    double kernel1[3][3] = { { 1, 1, 1 },{ 1, 4, 1 },{ 1, 1, 1 } };
    double kernel2[3][3] = { { 1, 4, 1 },{ 4, 10, 4 },{ 1, 4, 1 } };
    double sobelVmask[3][3] = { { -1, 0, 1 },{ -2, 0, 2 },{ -1, 0, 1 } };
    double sobelHmask[3][3] = { { 1, 2, 1 },{ 0, 0, 0 },{ -1, -2, -1 } };
```

소스 파일에서 OnInitDialog() 메소드에 멤버 변수 초기화 루틴을 아래와 같이 구현한다. 영상 파일을 읽어 들이기 위한 imread 함수를 통해 a.jpg 파일을 읽어 들여 img 변수에 저장한다. OpenCV 라이브러리에서 cv::Mat 클래스의 초기화를 위해서는 create 메소드를 사용한다. create 메소드의 매개변수는 행렬의 세로 크기, 가로 크기, 채널 크기로 구성된다.

```
    img = imread("a.jpg", 1);          // image.jpg파일을 읽어들여 img에 저장
```

```
resultimg.create(img.rows, img.cols, CV_8UC3);

// 2차원 배열 선언
grayImg.create(img.rows, img.cols, CV_8UC1);

LFImg.create(img.rows, img.cols, CV_8UC1);
LFImg1.create(img.rows, img.cols, CV_8UC1);
LFImg2.create(img.rows, img.cols, CV_8UC1);
SobelVImg.create(img.rows, img.cols, CV_8UC1);
SobelHImg.create(img.rows, img.cols, CV_8UC1);
SobelImg.create(img.rows, img.cols, CV_8UC1);
```

다음 코드는 R, G, B 채널의 데이터를 그레이 스케일 이미지로 변환하는 코드이다. 입력 이미지를 저장한 img 파일에서 at 메소드를 이용하여 픽셀 위치별 채널 데이터를 읽어 들여서 R,G,B 채널에 대해 평균을 구한다. RGB 채널 평균값을 garyImg에 저장한다.

```
for (int w = 0; w < img.cols; w++)
{
    for (int h = 0; h < img.rows; h++)
    {
        grayImg.at<uchar>(h, w) = (img.at<Vec3b>(h, w)[0] +
                img.at<Vec3b>(h, w)[1] +
                img.at<Vec3b>(h, w)[2]) / 3;
    }
}
```

마스크 기반 처리는 다음 코드와 같이 중첩 루프를 사용하여 구현이 된다. u, v 변수를 기준으로 동작하는 2개의 루프는 입력 영상의 각 픽셀 정보를 가져오기 위한 루프이다. m, n을 기준으로 반복하는 루프는 3×3 크기 마스크의 정보를 가져오기 위한 루프이다. 즉, m, n 기준 중첩 루프가 컨벌루션(Convolution) 연산을 구현한 부분이다. m, n 중첩 루프 다음의 코드는 컨벌루션 계산 결과를 정규화(Normalization)하는 과정으로 각 커널의 원소의 합으로 나눗셈을 하는 코드이다.

```
for (int u = 1; u < img.cols - 1; u++)
{
    for (int v = 1; v < img.rows - 1; v++)
    {
    double temp = 0;
    double temp1 = 0;
    double temp2 = 0;
    for (int m = -1; m < 2; m++)
    {
    for (int n = -1; n < 2; n++)
    {
    temp += (double)grayImg.at<uchar>(v + m, u + n) * kernel[1 + m][1 + n];
    temp1 += (double)grayImg.at<uchar>(v + m, u + n) * kernel1[1 + m][1 + n];
    temp2 += (double)grayImg.at<uchar>(v + m, u + n) * kernel2[1 + m][1 + n];
    }
    }
    LFImg.at<uchar>(v, u) = (unsigned char)(temp / 9.0);
    LFImg1.at<uchar>(v, u) = (unsigned char)(temp1 / 9.0);
    LFImg2.at<uchar>(v, u) = (unsigned char)(temp2 / 9.0);
    }
}
```

에지 필터 처리는 앞서 마스크 기반 처리와 동일하게 컨벌루션 코드를 구현하기에 4개의 변수 u, v, m, n을 기준으로 반복하는 루프를 구성한다. 소벨 에지 필터의 결과는 양수 또는 음수가 나올 수 있기 때문에 필터링 결과를 체크하여 절댓값을 취하는 코드가 추가된다. 그리고 필터링 결과의 최댓값은 아래와 같이 1020이 된다. 이를 255에 맞게 정규화를 수행하는 코드가 추가된다.

$$255 \times 1 + 255 \times 2 + 255 \times 1 + 0 + 0 + 0 + 0 + 0 + 0 = 1020$$

```
for (int u = 1; u < img.cols - 1; u++)
{
    for (int v = 1; v < img.rows - 1; v++)
    {
```

```
        double tempV = 0;
        double tempH = 0;
        for (int m = -1; m < 2; m++)
        {
        for (int n = -1; n < 2; n++)
        {
        tempV += (double)(grayImg.at<uchar>(v + m, u + n)) * sobelVmask[1 + m][1 + n];
        tempH += (double)(grayImg.at<uchar>(v + m, u + n)) * sobelHmask[1 + m][1 + n];
        }
        }
        SobelVImg.at<uchar>(v, u) = (unsigned char)(tempV / 9.0);
        SobelHImg.at<uchar>(v, u) = (unsigned char)(tempH / 9.0);
        SobelImg.at<uchar>(v, u) = (unsigned char)((int)(SobelVImg.at<uchar>(v, u) +
    SobelHImg.at<uchar>(v, u)) >> 1);
        }
    }
```

필터링된 결과 이미지를 화면에 표현하기 위해서는 앞서 MFC 예제에서 배웠던 것과 같이 윈도우의 DC를 얻어서 출력을 하면 된다. 하지만 현재 우리가 다루고 있는 자료형이 cv::Mat 자료형인 관계로 Mat을 윈도우즈에서 다룰 수 있는 비트맵 형태로 변환하는 과정이 필요하다. 아래 코드는 입력 매개변수로 DC와 Mat, 그리고 이를 출력하고자 하는 영역 Rect를 사용해서 Mat 데이터를 Rect에 출력하는 함수이다.

```
void DrawCvMat(CDC* pDC, cv::Mat& origin, CRect rect)
{
    CImage mfcImg;
    cv::Mat outImg;
    cv::flip(origin, outImg, 0);
    //흑백이면 채널을3으로
    if (outImg.channels() == 1) {
    cv::cvtColor(outImg, outImg, CV_GRAY2BGR);
    }
    //이미지의 크기를 rect에 들어가게 수정합니다.
    if (outImg.cols != rect.Width() || outImg.rows != rect.Height()) {
```

```
    int newWidth = outImg.cols*(rect.Height() / (double)outImg.rows);
    int newHeight = rect.Height();
    if (newWidth > rect.Width()) {
    newWidth = rect.Width();
    newHeight = outImg.rows*(rect.Width() / (double)outImg.cols);
    }
    cv::resize(outImg, outImg, cv::Size(newWidth, newHeight), 0, 0, CV_INTER_NN);
    }
    mfcImg.Create(outImg.cols, outImg.rows, 24);
    BITMAPINFO bitInfo = { { sizeof(BITMAPINFOHEADER),outImg.cols,outImg.rows,1,24 },0 };

    void* vp = outImg.data;
    IplImage* iplimage = nullptr;
    if (outImg.cols % 4 != 0 && outImg.isContinuous()) {
    iplimage = cvCreateImage(outImg.size(), 8, outImg.channels());
    outImg.copyTo(cv::cvarrToMat(iplimage));
    vp = iplimage->imageData;
    }
    pDC->SetStretchBltMode(HALFTONE);
    StretchDIBits(mfcImg.GetDC(), 0, 0, outImg.cols, outImg.rows, 0, 0, outImg.cols,
outImg.rows, vp, &bitInfo, DIB_RGB_COLORS, SRCCOPY);
    if (iplimage != nullptr) {
    cvReleaseImage(&iplimage);
    }
    mfcImg.BitBlt(*pDC, (rect.Width() - outImg.cols) / 2 + rect.left, (rect.Height() -
outImg.rows) / 2 + rect.top);
    mfcImg.ReleaseDC();
    outImg.release();
}
```

다음은 필터링 결과를 윈도우에 출력하기 위한 OnPaint 함수이다. 첫 부분은 입력된 컬러 영상을 출력하기 위해 DrawCvMat을 호출하는 부분이고 if문을 통해 밴드 패스 필터와 소벨 에지 필터에 대해 각기 다른 영상 결과를 출력하는 부분이다.

```
CPaintDC dc(this);
CRect rect;
this->GetClientRect(&rect);

CRect rect1 = rect;
rect1.right = rect1.left + rect1.Width() / 4;
DrawCvMat(&dc, img, rect1);

if (btn == BTN_BANDPASS)
{
CRect rect2 = rect;
rect2.left = rect.Width() / 4;
rect2.right = rect.Width() / 2;
DrawCvMat(&dc, LFImg, rect2);

CRect rect3 = rect;
rect3.left = rect.Width() / 2;
rect3.right = rect.Width() * 3 / 4;
DrawCvMat(&dc, LFImg1, rect3);

CRect rect4 = rect;
rect4.left = rect4.left + rect4.Width() * 3 / 4;
DrawCvMat(&dc, LFImg2, rect4);
}
else if(btn == BTN_SOBEL)
{
CRect rect2 = rect;
rect2.left = rect.Width() / 4;
rect2.right = rect.Width() / 2;
DrawCvMat(&dc, SobelVImg, rect2);

CRect rect3 = rect;
rect3.left = rect.Width() / 2;
rect3.right = rect.Width() * 3 / 4;
DrawCvMat(&dc, SobelHImg, rect3);

CRect rect4 = rect;
rect4.left = rect4.left + rect4.Width() * 3 / 4;
DrawCvMat(&dc, SobelImg, rect4);
}
```

LPF의 동작 결과를 확인하기 위해서 컴파일 후 실행을 시키면 아래 그림과 같이 pictureBox Output에 그레이 스케일로 변환된 영상과 각 커널별 실행 결과가 출력된 것을 확인할 수 있다.

〈그림 Ⅲ-18〉 밴드 패스 필터 결과

아래 그림은 Sobel Edge Filter를 수행한 결과이다. 수평 필터를 수행한 결과를 보면 수직 에지가 모두 필터링된 결과를 확인할 수 있다. 그리고 수직, 수평 필터의 결과를 정합한 마지막 결과 영상을 보면 입력 영상의 윤곽선만 필터링한 것을 확인할 수 있다.

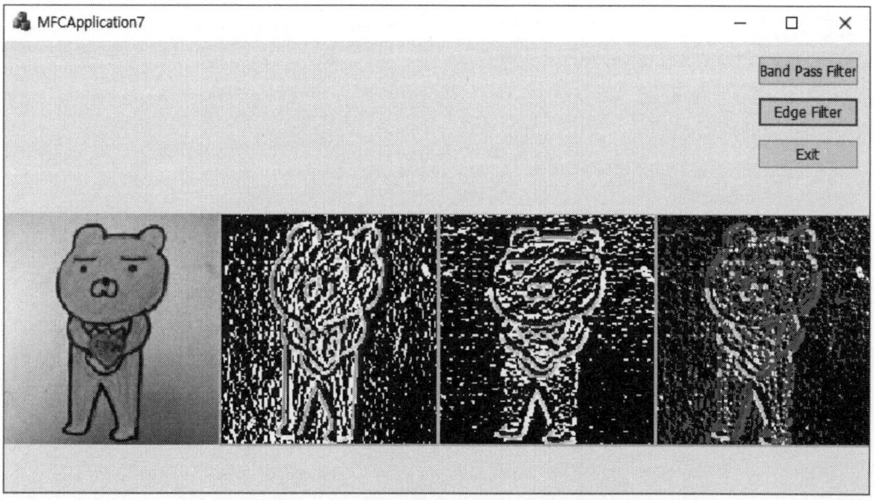

〈그림 Ⅲ-19〉 소벨 에지 필터 수행 결과

다음은 헤더 파일의 코드 전문이다.

```
// MFCApplication7Dlg.h: 헤더 파일
//

#pragma once
#include "opencv2/core.hpp"
#include "opencv2/imgproc.hpp"
#include "opencv2/highgui.hpp"

using namespace cv;


enum BTN_CASE {
    BTN_BANDPASS = 1001,
    BTN_SOBEL,
    BTN_NONE,
};

// CMFCApplication7Dlg 대화상자
class CMFCApplication7Dlg : public CDialog
{
// 생성입니다.
public:
    CMFCApplication7Dlg(CWnd* pParent = NULL);  // 표준 생성자입니다.

// 대화상자 데이터입니다.
#ifdef AFX_DESIGN_TIME
    enum { IDD = IDD_MFCAPPLICATION7_DIALOG };
#endif

protected:
    virtual void DoDataExchange(CDataExchange* pDX);        // DDX/DDV 지원입니다.

public:
    enum BTN_CASE btn=BTN_NONE;
    Mat img;   // Mat 자료형 img 변수 선언
    Mat resultimg;
```

```
    Mat grayImg;
    Mat LFImg;
    Mat LFImg1;
    Mat LFImg2;
    Mat SobelVImg;
    Mat SobelHImg;
    Mat SobelImg;
    double kernel[3][3] = { { 1, 1, 1 },{ 1, 1, 1 },{ 1, 1, 1 } };
    double kernel1[3][3] = { { 1, 1, 1 },{ 1, 4, 1 },{ 1, 1, 1 } };
    double kernel2[3][3] = { { 1, 4, 1 },{ 4, 10, 4 },{ 1, 4, 1 } };
    double sobelVmask[3][3] = { { -1, 0, 1 },{ -2, 0, 2 },{ -1, 0, 1 } };
    double sobelHmask[3][3] = { { 1, 2, 1 },{ 0, 0, 0 },{ -1, -2, -1 } };

// 구현입니다.
protected:
    HICON m_hIcon;

    // 생성된 메시지 맵 함수
    virtual BOOL OnInitDialog();
    afx_msg void OnSysCommand(UINT nID, LPARAM lParam);
    afx_msg void OnPaint();
    afx_msg HCURSOR OnQueryDragIcon();
    DECLARE_MESSAGE_MAP()
public:
    afx_msg void OnBnClickedBtnBandpassfilter();
    afx_msg void OnBnClickedBtnEdgefilter();
    afx_msg void OnBnClickedBtnExit();
};
```

다음은 Cpp 파일의 코드 전문이다.

```
// MFCApplication7Dlg.cpp: 구현 파일
//

#include "stdafx.h"
```

```
#include "MFCApplication7.h"
#include "MFCApplication7Dlg.h"
#include "afxdialogex.h"


#ifdef _DEBUG
#define new DEBUG_NEW
#endif

void DrawCvMat(CDC* pDC, cv::Mat& origin, CRect rect)
{
    CImage mfcImg;
    cv::Mat outImg;
    cv::flip(origin, outImg, 0);
    //흑백이면 채널을 3으로
    if (outImg.channels() == 1) {
    cv::cvtColor(outImg, outImg, CV_GRAY2BGR);
    }
    //이미지의 크기를 rect에 들어가게 수정합니다.
    if (outImg.cols != rect.Width() || outImg.rows != rect.Height()) {
    int newWidth = outImg.cols*(rect.Height() / (double)outImg.rows);
    int newHeight = rect.Height();
    if (newWidth > rect.Width()) {
    newWidth = rect.Width();
    newHeight = outImg.rows*(rect.Width() / (double)outImg.cols);
    }
    cv::resize(outImg, outImg, cv::Size(newWidth, newHeight), 0, 0, CV_INTER_NN);
    }
    mfcImg.Create(outImg.cols, outImg.rows, 24);
    BITMAPINFO bitInfo = { { sizeof(BITMAPINFOHEADER),outImg.cols,outImg.rows,1,24 },0 };

    void* vp = outImg.data;
    IplImage* iplimage = nullptr;
    if (outImg.cols % 4 != 0 && outImg.isContinuous()) {
    iplimage = cvCreateImage(outImg.size(), 8, outImg.channels());
    outImg.copyTo(cv::cvarrToMat(iplimage));
    vp = iplimage->imageData;
```

```
    }
    pDC->SetStretchBltMode(HALFTONE);
    StretchDIBits(mfcImg.GetDC(), 0, 0, outImg.cols, outImg.rows, 0, 0, outImg.cols,
outImg.rows, vp, &bitInfo, DIB_RGB_COLORS, SRCCOPY);
    if (iplimage != nullptr) {
    cvReleaseImage(&iplimage);
    }
    mfcImg.BitBlt(*pDC, (rect.Width() - outImg.cols) / 2 + rect.left, (rect.Height() -
outImg.rows) / 2 + rect.top);
    mfcImg.ReleaseDC();
    outImg.release();
}
// 응용 프로그램 정보에 사용되는 CAboutDlg 대화상자입니다.

class CAboutDlg : public CDialogEx
{
public:
    CAboutDlg();

// 대화상자 데이터입니다.
#ifdef AFX_DESIGN_TIME
    enum { IDD = IDD_ABOUTBOX };
#endif

    protected:
    virtual void DoDataExchange(CDataExchange* pDX);      // DDX/DDV 지원입니다.

// 구현입니다.
protected:
    DECLARE_MESSAGE_MAP()
};

CAboutDlg::CAboutDlg() : CDialogEx(IDD_ABOUTBOX)
{
}

void CAboutDlg::DoDataExchange(CDataExchange* pDX)
{
```

```
    CDialogEx::DoDataExchange(pDX);
}

BEGIN_MESSAGE_MAP(CAboutDlg, CDialogEx)
END_MESSAGE_MAP()


// CMFCApplication7Dlg 대화상자



CMFCApplication7Dlg::CMFCApplication7Dlg(CWnd* pParent /*=NULL*/)
    : CDialog(IDD_MFCAPPLICATION7_DIALOG, pParent)
{
    m_hIcon = AfxGetApp()->LoadIcon(IDR_MAINFRAME);
}

void CMFCApplication7Dlg::DoDataExchange(CDataExchange* pDX)
{
    CDialog::DoDataExchange(pDX);
}

BEGIN_MESSAGE_MAP(CMFCApplication7Dlg, CDialog)
    ON_WM_SYSCOMMAND()
    ON_WM_PAINT()
    ON_WM_QUERYDRAGICON()
    ON_BN_CLICKED(IDC_BTN_BANDPASSFILTER,
&CMFCApplication7Dlg::OnBnClickedBtnBandpassfilter)
    ON_BN_CLICKED(IDC_BTN_EDGEFILTER,
&CMFCApplication7Dlg::OnBnClickedBtnEdgefilter)
    ON_BN_CLICKED(IDC_BTN_EXIT, &CMFCApplication7Dlg::OnBnClickedBtnExit)
END_MESSAGE_MAP()


// CMFCApplication7Dlg 메시지 처리기

BOOL CMFCApplication7Dlg::OnInitDialog()
{
```

```
CDialog::OnInitDialog();

// 시스템 메뉴에 "정보..." 메뉴 항목을 추가합니다.

// IDM_ABOUTBOX는 시스템 명령 범위에 있어야 합니다.
ASSERT((IDM_ABOUTBOX & 0xFFF0) == IDM_ABOUTBOX);
ASSERT(IDM_ABOUTBOX < 0xF000);

CMenu* pSysMenu = GetSystemMenu(FALSE);
if (pSysMenu != NULL)
{
BOOL bNameValid;
CString strAboutMenu;
bNameValid = strAboutMenu.LoadString(IDS_ABOUTBOX);
ASSERT(bNameValid);
if (!strAboutMenu.IsEmpty())
{
pSysMenu->AppendMenu(MF_SEPARATOR);
pSysMenu->AppendMenu(MF_STRING, IDM_ABOUTBOX, strAboutMenu);
}
}

// 이 대화상자의 아이콘을 설정합니다. 응용 프로그램의 주 창이 대화상자가 아닐
경우에는
//  프레임워크가 이 작업을 자동으로 수행합니다.
SetIcon(m_hIcon, TRUE);         // 큰 아이콘을 설정합니다.
SetIcon(m_hIcon, FALSE);        // 작은 아이콘을 설정합니다.

// TODO: 여기에 추가 초기화 작업을 추가합니다.
img = imread("a.jpg", 1);       // image.jpg 파일을 읽어 들여 img에 저장

resultimg.create(img.rows, img.cols, CV_8UC3);

// 2차원 배열 선언
grayImg.create(img.rows, img.cols, CV_8UC1);

LFImg.create(img.rows, img.cols, CV_8UC1);
LFImg1.create(img.rows, img.cols, CV_8UC1);
```

```
    LFImg2.create(img.rows, img.cols, CV_8UC1);
    SobelVImg.create(img.rows, img.cols, CV_8UC1);
    SobelHImg.create(img.rows, img.cols, CV_8UC1);
    SobelImg.create(img.rows, img.cols, CV_8UC1);
    return TRUE;  // 포커스를 컨트롤에 설정하지 않으면 TRUE를 반환합니다.
}

void CMFCApplication7Dlg::OnSysCommand(UINT nID, LPARAM lParam)
{
    if ((nID & 0xFFF0) == IDM_ABOUTBOX)
    {
    CAboutDlg dlgAbout;
    dlgAbout.DoModal();
    }
    else
    {
    CDialog::OnSysCommand(nID, lParam);
    }
}

// 대화 상자에 최소화 단추를 추가할 경우 아이콘을 그리려면
// 아래 코드가 필요합니다.  문서/뷰 모델을 사용하는 MFC 응용 프로그램의 경우에는
// 프레임워크에서 이 작업을 자동으로 수행합니다.

void CMFCApplication7Dlg::OnPaint()
{
    if (IsIconic())
    {
    CPaintDC dc(this); // 그리기를 위한 디바이스 컨텍스트입니다.

    SendMessage(WM_ICONERASEBKGND, reinterpret_cast<WPARAM>(dc.GetSafeHdc()), 0);

    // 클라이언트 사각형에서 아이콘을 가운데에 맞춥니다.
    int cxIcon = GetSystemMetrics(SM_CXICON);
    int cyIcon = GetSystemMetrics(SM_CYICON);
    CRect rect;
    GetClientRect(&rect);
    int x = (rect.Width() - cxIcon + 1) / 2;
```

```
int y = (rect.Height() - cyIcon + 1) / 2;

// 아이콘을 그립니다.
dc.DrawIcon(x, y, m_hIcon);
}
else
{
CPaintDC dc(this);
CRect rect;
this->GetClientRect(&rect);

CRect rect1 = rect;
rect1.right = rect1.left + rect1.Width() / 4;
DrawCvMat(&dc, img, rect1);

if (btn == BTN_BANDPASS)
{
CRect rect2 = rect;
rect2.left = rect.Width() / 4;
rect2.right = rect.Width() / 2;
DrawCvMat(&dc, LFImg, rect2);

CRect rect3 = rect;
rect3.left = rect.Width() / 2;
rect3.right = rect.Width() * 3 / 4;
DrawCvMat(&dc, LFImg1, rect3);

CRect rect4 = rect;
rect4.left = rect4.left + rect4.Width() * 3 / 4;
DrawCvMat(&dc, LFImg2, rect4);
}
else if(btn == BTN_SOBEL)
{
CRect rect2 = rect;
rect2.left = rect.Width() / 4;
rect2.right = rect.Width() / 2;
DrawCvMat(&dc, SobelVImg, rect2);
```

```
        CRect rect3 = rect;
        rect3.left = rect.Width() / 2;
        rect3.right = rect.Width() * 3 / 4;
        DrawCvMat(&dc, SobelHImg, rect3);

        CRect rect4 = rect;
        rect4.left = rect4.left + rect4.Width() * 3 / 4;
        DrawCvMat(&dc, SobelImg, rect4);
        }
        CDialog::OnPaint();
        }
}

// 사용자가 최소화된 창을 끄는 동안에 커서가 표시되도록 시스템에서
// 이 함수를 호출합니다.
HCURSOR CMFCApplication7Dlg::OnQueryDragIcon()
{
        return static_cast<HCURSOR>(m_hIcon);
}

void CMFCApplication7Dlg::OnBnClickedBtnBandpassfilter()
{
        for (int w = 0; w < img.cols; w++)
        {
        for (int h = 0; h < img.rows; h++)
        {
        grayImg.at<uchar>(h,w) = (img.at<Vec3b>(h, w)[0] +
        img.at<Vec3b>(h, w)[1] +
        img.at<Vec3b>(h, w)[2]) / 3;
        }
        }

        for (int u = 1; u < img.cols - 1; u++)
        {
        for (int v = 1; v < img.rows - 1; v++)
        {
        double temp = 0;
        double temp1 = 0;
```

```
    double temp2 = 0;
    for (int m = -1; m < 2; m++)
    {
    for (int n = -1; n < 2; n++)
    {
    temp += (double)grayImg.at<uchar>(v + m, u + n) * kernel[1 + m][1 + n];
    temp1 += (double)grayImg.at<uchar>(v + m, u + n) * kernel1[1 + m][1 + n];
    temp2 += (double)grayImg.at<uchar>(v + m, u + n) * kernel2[1 + m][1 + n];
    }
    }
    LFImg.at<uchar>(v, u) = (unsigned char)(temp / 9.0);
    LFImg1.at<uchar>(v, u) = (unsigned char)(temp1 / 9.0);
    LFImg2.at<uchar>(v, u) = (unsigned char)(temp2 / 9.0);
    }
    }
    btn = BTN_BANDPASS;
    Invalidate();
}


void CMFCApplication7Dlg::OnBnClickedBtnEdgefilter()
{
    for (int w = 0; w < img.cols; w++)
    {
    for (int h = 0; h < img.rows; h++)
    {
    grayImg.at<uchar>(h, w) = (img.at<Vec3b>(h, w)[0] +
    img.at<Vec3b>(h, w)[1] +
    img.at<Vec3b>(h, w)[2]) / 3;
    }
    }

    for (int u = 1; u < img.cols - 1; u++)
    {
    for (int v = 1; v < img.rows - 1; v++)
    {
    double tempV = 0;
    double tempH = 0;
```

```
    for (int m = -1; m < 2; m++)
    {
    for (int n = -1; n < 2; n++)
    {
    tempV += (double)(grayImg.at<uchar>(v + m, u + n)) * sobelVmask[1 + m][1 + n];
    tempH += (double)(grayImg.at<uchar>(v + m, u + n)) * sobelHmask[1 + m][1 + n];
    }
    }
    SobelVImg.at<uchar>(v, u) = (unsigned char)(tempV / 9.0);
    SobelHImg.at<uchar>(v, u) = (unsigned char)(tempH / 9.0);
    SobelImg.at<uchar>(v, u) = (unsigned char)((int)(SobelVImg.at<uchar>(v, u) +
SobelHImg.at<uchar>(v, u)) >> 1);
    }
    }
    btn = BTN_SOBEL;
    Invalidate();
}

void CMFCApplication7Dlg::OnBnClickedBtnExit()
{
    // TODO: 여기에 컨트롤 알림 처리기 코드를 추가합니다.
    this->DestroyWindow();
}
```

3) 형태학적 처리(Morphology processing)

(1) 침식과 팽창(Erode and Dilate)

영상 인식에서 형태학적 처리 또는 모폴로지 처리 기법이란 영상을 형태학적 관점에서 바라보고 접근하는 방법이다. 영상 속에 존재하는 특정 객체의 형태를 변형시키는 용도로 사용되는 영상 처리 기법으로 주로 이진 영상 처리에 사용된다.

대표적인 형태학적 처리 기법에는 침식(Erode)과 팽창(Dilate)이 있다. 침식 연산 기법은 필터의 크기 및 사용 횟수에 따라 작은 크기의 객체들을 제거할 수 있다. 정해진 영역 내에서 가장 작은 값을 픽셀 중심부의 값으로 바꾸는 최솟값 필터의 역할을 한다. 팽창 연산 기법은 객체 내부에 있는 작은 구멍들을 제거한다. 팽창 연산은 침식 연산과 반대로 영역을 넓혀가는 연산이며 최댓값 필터 역할을 한다.

침식 연산 기법은 이미지에서 원하지 않는 작은 노이즈들을 제거할 수 있지만, 노이즈 성분이 제거되는 것뿐만 아니라 대상의 영역이 줄어드는 문제가 있다. 반면 팽창 연산 기법은 이미지에서 대상이 가지는 작은 구멍들을 채우지만 대상의 크기가 전체적으로 전보다 커지고 노이즈 성분이 커질 가능성이 있다.

(2) 열림과 닫힘(Opened and Closed)

열림과 닫힘 연산은 침식과 팽창 연산 기법을 이용하여 구현하는 기법이다. 열림 연산은 일반적으로 객체의 외곽선을 부드럽게 만들어 주며 가늘게 돌출한 부위 또는 잡음을 제거해 주는 역할이다. 닫기 연산은 가늘게 패인 부분을 채워 주는 기능을 가진다.

열림 연산은 침식 → 팽창, 2번의 모폴로지 연산을 연이어 수행함으로써 침식을 통해 잡음이 제거되고 팽창을 통해 크기가 줄어든 영역을 다시 키운다. 닫힘 연산은 팽창 → 침식 2번의 모폴로지 연산을 연이어 수행한다. 팽창을 통해 작은 구멍들을 채우고 침식을 통해 커진 영역을 다시 줄이게 된다.

실습 과제 10 형태학적 처리

메뉴에서 "파일" -> "새로 만들기" -> "프로젝트"를 선택한 뒤 새 프로젝트 팝업 윈도우가 생성되면 좌측 템플릿 선택 공간에서 "Visual C++"을 선택하고 중앙에서 "MFC 응용 프로그램"을 선택한 후 아래 이름, 위치 공간에 적절한 예제명과 디렉터리 위치를 선정한다.

MFC 응용 프로그램의 응용 프로그램 형식 옵션을 선택하는 화면에서 응용 프로그램 종류를 "대화상자 기반"으로 선택한다.

리소스 뷰에서 "Dialog"를 선택하고 기본 버튼 "확인", "취소"를 삭제한 뒤에 위 그림과 같이 도구상자에서 "Button" 컨트롤을 드래그 앤 드롭하여 생성한다. 아래 속성표를 참조하여 각 버튼별 속성값을 지정한다.

컨트롤별 속성과 속성값

컨트롤 구분	속성명	속성값
Erode 버튼	ID	IDC_BTN_ERODE
	Caption	Erode
Dilate 버튼	ID	IDC_BTN_DILATE
	Caption	Dilate
Opened 버튼	ID	IDC_BTN_OPENED
	Caption	Opened
Closed 버튼	ID	IDC_BTN_CLOSED
	Caption	Closed
Exit 버튼	ID	IDC_BTN_EXIT
	Caption	Exit

OpenCV 라이브러리를 사용하기 위해서는 프로젝트의 환경 설정에서 헤더 파일 경로 추가, 라이브러리 파일의 경로 추가, 라이브러리 파일 추가, 디버깅 환경에서 DLL 파일 경로를 추가해 주어야 한다. 자세한 것은 "OpenCV 라이브러리 설정" 챕터를 참조하면 된다.

OpenCV 라이브러리를 사용하기 위해서는 프로젝트의 환경 설정에서 헤더 파일 경로 추가, 라이브러리 파일의 경로 추가, 라이브러리 파일 추가, 디버깅 환경에서 DLL파일 경로를 추가해 주어야 한다. 자세한 것은 "OpenCV 라이브러리 설정" 챕터를 참조하면 된다.

헤더 파일을 열고 아래와 같이 OpenCV 라이브러리 헤더 파일과 네임 스페이스를 추가한다.

```
#include "opencv2/core.hpp"
#include "opencv2/imgproc.hpp"
#include "opencv2/highgui.hpp"

using namespace cv;
```

사용자가 어떤 버튼을 눌렀는지 확인하는 용도로 사용될 열거형을 다음과 같이 헤더 파일에 선언한다.

```
enum BTN_CASE {
    BTN_ERODE = 1001,
    BTN_DILATE,
    BTN_OPENED,
    BTN_CLOSED,
    BTN_NONE
};
```

응용 프로그램에서 사용될 변수를 선언하기 위해 다이얼로그의 헤더 파일을 열고 다음과 같이 코드를 작성한다. 다이얼로그 클래스의 멤버 변수로 cv::Mat 클래스의 객체를 선언한다. 본 예제에서 사용할 영상 이미지는 컬러 이미지에 소벨 필터를 적용하여 윤곽선을 추출하고 이를 0, 255로 구분하여 BinaryImg에 저장하여 형태학적 처리를 한다.

```
public:
    enum BTN_CASE btn = BTN_NONE;
    Mat img;    // Mat자료형 img변수 선언
    Mat grayImg;
    Mat SobelVImg;
    Mat SobelHImg;
    Mat SobelImg;
    Mat BinaryImg;
    Mat ErodeImg;
    Mat DilateImg;
    Mat OpenedImg;
    Mat ClosedImg;
    double sobelVmask[3][3] = { { -1, 0, 1 },{ -2, 0, 2 },{ -1, 0, 1 } };
    double sobelHmask[3][3] = { { 1, 2, 1 },{ 0, 0, 0 },{ -1, -2, -1 } };
```

OnInitDialog() 메소드에 아래 코드와 같이 멤버 변수에 메모리를 할당한다. 입력된 이미지의 Size를 이용해서 윤곽선 연산 결과를 저장할 SobelVImg, SobelHImg, SobelImg 배열 변수를 동적 할당한다. 형태학적 기법의 결과를 저장할 ErodeImg, DilateImg, OpenedImg, ClosedImg를 동적 할당한다.

```
img = imread("a.jpg", 1);          // image.jpg파일을 읽어 들여 img에 저장

grayImg.create(img.rows, img.cols, CV_8UC1);
SobelVImg.create(img.rows, img.cols, CV_8UC1);
SobelHImg.create(img.rows, img.cols, CV_8UC1);
SobelImg.create(img.rows, img.cols, CV_8UC1);
BinaryImg.create(img.rows, img.cols, CV_8UC1);
ErodeImg.create(img.rows, img.cols, CV_8UC1);
DilateImg.create(img.rows, img.cols, CV_8UC1);
OpenedImg.create(img.rows, img.cols, CV_8UC1);
ClosedImg.create(img.rows, img.cols, CV_8UC1);
```

OnInitDialog() 메소드 내에는 그레이 스케일 변환 및 Sobel 필터링 코드를 삽입한다. Sobel 필터링 결과는 아래와 같은 조건문을 사용해서 스레스홀딩(Thresholding) 연산을 진행한다.

```
    if (SobelImg.at<uchar>(v, u) > 40)
    {
        BinaryImg.at<uchar>(v, u) = 255;
    }
    else
    {
        BinaryImg.at<uchar>(v, u) = 0;
    }
}
```

필터링된 결과 이미지를 화면에 표현하기 위해서는 앞서 MFC 예제에서 배웠던 것과 같이 윈도우의 DC를 얻어서 출력을 하면 된다. 하지만 현재 우리가 다루고 있는 자료형이 cv::Mat 자료형인 관계로 Mat을 윈도우즈에서 다룰 수 있는 비트맵 형태로 변환하는 과정이 필요하다. 아래 코드는 입력 매개변수로 DC와 Mat, 그리고 이를 출력하고자 하는 영역 Rect를 사용해서 Mat 데이터를 Rect에 출력하는 함수이다.

```
void DrawCvMat(CDC* pDC, cv::Mat& origin, CRect rect)
{
    CImage mfcImg;
    cv::Mat outImg;
    cv::flip(origin, outImg, 0);
    //흑백이면 채널을3으로
    if (outImg.channels() == 1) {
    cv::cvtColor(outImg, outImg, CV_GRAY2BGR);
    }
    //이미지의 크기를 rect에 들어가게 수정합니다.
    if (outImg.cols != rect.Width() || outImg.rows != rect.Height()) {
    int newWidth = outImg.cols*(rect.Height() / (double)outImg.rows);
    int newHeight = rect.Height();
    if (newWidth > rect.Width()) {
    newWidth = rect.Width();
    newHeight = outImg.rows*(rect.Width() / (double)outImg.cols);
    }
    cv::resize(outImg, outImg, cv::Size(newWidth, newHeight), 0, 0, CV_INTER_NN);
    }
    mfcImg.Create(outImg.cols, outImg.rows, 24);
    BITMAPINFO bitInfo = { { sizeof(BITMAPINFOHEADER),outImg.cols,outImg.rows,1,24 },0 };

    void* vp = outImg.data;
    IplImage* iplimage = nullptr;
    if (outImg.cols % 4 != 0 && outImg.isContinuous()) {
    iplimage = cvCreateImage(outImg.size(), 8, outImg.channels());
    outImg.copyTo(cv::cvarrToMat(iplimage));
    vp = iplimage->imageData;
    }
    pDC->SetStretchBltMode(HALFTONE);
    StretchDIBits(mfcImg.GetDC(), 0, 0, outImg.cols, outImg.rows, 0, 0, outImg.cols,
```

```
outImg.rows, vp, &bitInfo, DIB_RGB_COLORS, SRCCOPY);
    if (iplimage != nullptr) {
    cvReleaseImage(&iplimage);
    }
    mfcImg.BitBlt(*pDC, (rect.Width() - outImg.cols) / 2 + rect.left, (rect.Height() -
outImg.rows) / 2 + rect.top);
    mfcImg.ReleaseDC();
    outImg.release();
}
```

다음은 필터링 결과를 윈도우에 출력하기 위한 OnPaint 함수이다. 첫 부분은 입력된 컬러 영상을 출력하기 위해 DrawCvMat을 호출하는 부분이고 if문을 통해 사용자가 누른 버튼에 따라 각기 다른 영상 처리 결과를 출력하는 부분이다.

```
    CPaintDC dc(this);
    CRect rect;
    this->GetClientRect(&rect);

    CRect rect1 = rect;
    rect1.right = rect1.left + rect1.Width() / 4;
    DrawCvMat(&dc, img, rect1);


    CRect rect2 = rect;
    rect2.left = rect.Width() / 4;
    rect2.right = rect.Width() / 2;
    DrawCvMat(&dc, grayImg, rect2);

    CRect rect3 = rect;
    rect3.left = rect.Width() / 2;
    rect3.right = rect.Width() * 3 / 4;
    DrawCvMat(&dc, BinaryImg, rect3);

    CRect rect4 = rect;
    rect4.left = rect4.left + rect4.Width() * 3 / 4;
```

```
if(btn == BTN_ERODE)
    DrawCvMat(&dc, ErodeImg, rect4);
else if (btn == BTN_DILATE)
    DrawCvMat(&dc, DilateImg, rect4);
else if(btn == BTN_OPENED)
    DrawCvMat(&dc, OpenedImg, rect4);
else if(btn == BTN_CLOSED)
    DrawCvMat(&dc, ClosedImg, rect4);
else
    DrawCvMat(&dc, BinaryImg, rect4);
```

OnInitDialog() 메소드 결과를 확인하기 위해 프로그램을 실행하면 〈그림 III-20〉과 같이 폼이 로드되면서 입력 영상에 대해 그레이 스케일 변환, 수직, 수평 윤곽선 합성 결과의 이진화 결과를 출력해 주고 있다.

〈그림 Ⅲ-20〉 프로그램 실행 결과

침식(Erode) 연산을 위해서는 마스크의 크기를 지정할 필요가 있다. 본 과제에서는 3×3 크기로 지정했다. Erode는 입력 영상으로 주어지는 이진 영상에서 현재 위치(u, v) 주변 3×3 픽셀에서 최솟값을 찾는 과정이다. 필터링된 결과는 ErodeImg에 저장한다.

```
uchar min;
for (int v = 1; v < img.rows - 1; v++)
{
    for (int u = 1; u < img.cols - 1; u++)
    {
    min = 255;
    for (int m = -1; m < 2; m++)
    {
    for (int n = -1; n < 2; n++)
    {
    if (BinaryImg.at<uchar>(v+n, u+m) < min)
        min = BinaryImg.at<uchar>(v + n, u + m);
    }
    }
    ErodeImg.at<uchar>(v, u) = min;
    }
}
btn = BTN_ERODE;
Invalidate();
```

팽창(Dilate) 연산은 침식 연산과 동일한 형태의 코드를 유지한다. 입력 영상의 전체 픽셀을 읽어 들이기 위한 u, v 기준 루프와 3×3 크기 마스크 영역의 픽셀을 읽어 들이기 위한 m, n 기준 루프로 구성된다. 단지 최솟값을 찾던 침식(Erode) 연산과 달리 팽창 연산은 최댓값을 찾는다.

```
uchar max;
for (int v = 1; v < img.rows - 1; v++)
{
    for (int u = 1; u < img.cols - 1; u++)
    {
```

```
        max = 0;
        for (int m = -1; m < 2; m++)
        {
        for (int n = -1; n < 2; n++)
        {
        if (BinaryImg.at<uchar>(v + n, u + m) > max)
        max = BinaryImg.at<uchar>(v + n, u + m);
        }
        }
        DilateImg.at<uchar>(v, u) = max;
        }
    }

    btn = BTN_DILATE;
    Invalidate();
```

아래 그림은 침식 연산과 팽창 연산에 대한 결과이다. 입력 영상인 이진화 영상에 대해 침식 연산을 수행하게 되면 가는 윤곽선이 많이 제거되어 버리는 것을 알 수 있다.

반면 팽창 연산의 결과는 윤곽선이 상당히 두꺼워지는 것을 확인할 수 있다.

다음은 열림과 닫힘 연산에 대해 코딩을 한다. 열림 연산은 앞서 설명했듯이 입력 영상에 대해 팽창 연산 수행 후 침식 연산을 수행하면 된다. 다음의 코드를 보면 팽창 연산의 입력 영상은 이진화 이미지이며, 침식 연산의 입력 이미지는 팽창 연산의 결과인 것을 확인할 수 있다. 열림 연산과 반대로 닫힘 연산은 침식 연산 후 팽창 연산을 수행하면 된다.

```
//Dilate -> Erode
uchar max, min;

for (int v = 1; v < img.rows - 1; v++)
{
for (int u = 1; u < img.cols - 1; u++)
{
max = 0;
for (int m = -1; m < 2; m++)
{
for (int n = -1; n < 2; n++)
{
if (BinaryImg.at<uchar>(v + n, u + m) > max)
max = BinaryImg.at<uchar>(v + n, u + m);
}
}
DilateImg.at<uchar>(v, u) = max;
}
}

for (int v = 1; v < img.rows - 1; v++)
{
for (int u = 1; u < img.cols - 1; u++)
{
min = 255;
for (int m = -1; m < 2; m++)
{
for (int n = -1; n < 2; n++)
{
if (DilateImg.at<uchar>(v + n, u + m) < min)
min = DilateImg.at<uchar>(v + n, u + m);
}
}
OpenedImg.at<uchar>(v, u) = min;
}
}
btn = BTN_OPENED;
Invalidate();
```

아래 그림은 열림 연산과 닫힘 연산에 대한 결과이다. 입력 영상인 이진화 외곽선 영상에 대해 열림 연산을 수행하게 되면 팽창 연산 후 침식 연산을 수행하기 때문에 윤곽선이 두껍게 남아 있는 것을 알 수 있다. 하지만 닫힘 연산의 결과는 침식 연산 후 팽창 연산을 수행하기에 윤곽선이 남아 있지 않은 것을 알 수 있다.

다음은 헤더 파일의 코드 전문이다.

```
// MFCApplication8Dlg.h: 헤더 파일
//

#pragma once
#include "opencv2/core.hpp"
#include "opencv2/imgproc.hpp"
#include "opencv2/highgui.hpp"

using namespace cv;

enum BTN_CASE {
    BTN_ERODE = 1001,
    BTN_DILATE,
    BTN_OPENED,
    BTN_CLOSED,
    BTN_NONE
};
```

```
// CMFCApplication8Dlg 대화상자
class CMFCApplication8Dlg : public CDialog
{
public:
    enum BTN_CASE btn = BTN_NONE;
    Mat img;   // Mat자료형 img 변수 선언
    Mat grayImg;
    Mat SobelVImg;
    Mat SobelHImg;
    Mat SobelImg;
    Mat BinaryImg;
    Mat ErodeImg;
    Mat DilateImg;
    Mat OpenedImg;
    Mat ClosedImg;
    double sobelVmask[3][3] = { { -1, 0, 1 },{ -2, 0, 2 },{ -1, 0, 1 } };
    double sobelHmask[3][3] = { { 1, 2, 1 },{ 0, 0, 0 },{ -1, -2, -1 } };
// 생성입니다.
public:
    CMFCApplication8Dlg(CWnd* pParent = NULL);   // 표준 생성자입니다.

// 대화상자 데이터입니다.
#ifdef AFX_DESIGN_TIME
    enum { IDD = IDD_MFCAPPLICATION8_DIALOG };
#endif

    protected:
    virtual void DoDataExchange(CDataExchange* pDX);        // DDX/DDV 지원입니다.


// 구현입니다.
protected:
    HICON m_hIcon;

    // 생성된 메시지 맵 함수
    virtual BOOL OnInitDialog();
    afx_msg void OnSysCommand(UINT nID, LPARAM lParam);
    afx_msg void OnPaint();
```

```
    afx_msg HCURSOR OnQueryDragIcon();
    DECLARE_MESSAGE_MAP()
public:
    afx_msg void OnBnClickedBtnErode();
    afx_msg void OnBnClickedBtnDilate();
    afx_msg void OnBnClickedBtnOpened();
    afx_msg void OnBnClickedBtnClosed();
    afx_msg void OnBnClickedBtnExit();
};
```

다음은 cpp 파일의 코드 전문이다.

```
// MFCApplication8Dlg.cpp: 구현 파일
//

#include "stdafx.h"
#include "MFCApplication8.h"
#include "MFCApplication8Dlg.h"
#include "afxdialogex.h"

#ifdef _DEBUG
#define new DEBUG_NEW
#endif


void DrawCvMat(CDC* pDC, cv::Mat& origin, CRect rect)
{
    CImage mfcImg;
    cv::Mat outImg;
    cv::flip(origin, outImg, 0);
    //흑백이면 채널을3으로
    if (outImg.channels() == 1) {
    cv::cvtColor(outImg, outImg, CV_GRAY2BGR);
    }
```

```
    //이미지의 크기를 rect에 들어가게 수정합니다.
    if (outImg.cols != rect.Width() || outImg.rows != rect.Height()) {
    int newWidth = outImg.cols*(rect.Height() / (double)outImg.rows);
    int newHeight = rect.Height();
    if (newWidth > rect.Width()) {
    newWidth = rect.Width();
    newHeight = outImg.rows*(rect.Width() / (double)outImg.cols);
    }
    cv::resize(outImg, outImg, cv::Size(newWidth, newHeight), 0, 0, CV_INTER_NN);
    }
    mfcImg.Create(outImg.cols, outImg.rows, 24);
    BITMAPINFO bitInfo = { { sizeof(BITMAPINFOHEADER),outImg.cols,outImg.rows,1,24 },0 };

    void* vp = outImg.data;
    IplImage* iplimage = nullptr;
    if (outImg.cols % 4 != 0 && outImg.isContinuous()) {
    iplimage = cvCreateImage(outImg.size(), 8, outImg.channels());
    outImg.copyTo(cv::cvarrToMat(iplimage));
    vp = iplimage->imageData;
    }
    pDC->SetStretchBltMode(HALFTONE);
    StretchDIBits(mfcImg.GetDC(), 0, 0, outImg.cols, outImg.rows, 0, 0, outImg.cols,
outImg.rows, vp, &bitInfo, DIB_RGB_COLORS, SRCCOPY);
    if (iplimage != nullptr) {
    cvReleaseImage(&iplimage);
    }
    mfcImg.BitBlt(*pDC, (rect.Width() - outImg.cols) / 2 + rect.left, (rect.Height() -
outImg.rows) / 2 + rect.top);
    mfcImg.ReleaseDC();
    outImg.release();
}

// 응용 프로그램 정보에 사용되는 CAboutDlg 대화상자입니다.

class CAboutDlg : public CDialogEx
{
public:
    CAboutDlg();
```

```
// 대화상자 데이터입니다.
#ifdef AFX_DESIGN_TIME
    enum { IDD = IDD_ABOUTBOX };
#endif

    protected:
    virtual void DoDataExchange(CDataExchange* pDX);     // DDX/DDV 지원입니다.

// 구현입니다.
protected:
    DECLARE_MESSAGE_MAP()
};

CAboutDlg::CAboutDlg() : CDialogEx(IDD_ABOUTBOX)
{
}

void CAboutDlg::DoDataExchange(CDataExchange* pDX)
{
    CDialogEx::DoDataExchange(pDX);
}

BEGIN_MESSAGE_MAP(CAboutDlg, CDialogEx)
END_MESSAGE_MAP()


// CMFCApplication8Dlg 대화상자



CMFCApplication8Dlg::CMFCApplication8Dlg(CWnd* pParent /*=NULL*/)
    : CDialog(IDD_MFCAPPLICATION8_DIALOG, pParent)
{
    m_hIcon = AfxGetApp()->LoadIcon(IDR_MAINFRAME);
}

void CMFCApplication8Dlg::DoDataExchange(CDataExchange* pDX)
```

```
{
    CDialog::DoDataExchange(pDX);
}

BEGIN_MESSAGE_MAP(CMFCApplication8Dlg, CDialog)
    ON_WM_SYSCOMMAND()
    ON_WM_PAINT()
    ON_WM_QUERYDRAGICON()
    ON_BN_CLICKED(IDC_BTN_ERODE, &CMFCApplication8Dlg::OnBnClickedBtnErode)
    ON_BN_CLICKED(IDC_BTN_DILATE, &CMFCApplication8Dlg::OnBnClickedBtnDilate)
    ON_BN_CLICKED(IDC_BTN_OPENED, &CMFCApplication8Dlg::OnBnClickedBtnOpened)
    ON_BN_CLICKED(IDC_BTN_CLOSED, &CMFCApplication8Dlg::OnBnClickedBtnClosed)
    ON_BN_CLICKED(IDC_BTN_EXIT, &CMFCApplication8Dlg::OnBnClickedBtnExit)
END_MESSAGE_MAP()


// CMFCApplication8Dlg 메시지 처리기

BOOL CMFCApplication8Dlg::OnInitDialog()
{
    CDialog::OnInitDialog();

    // 시스템 메뉴에 "정보..." 메뉴 항목을 추가합니다.

    // IDM_ABOUTBOX는 시스템 명령 범위에 있어야 합니다.
    ASSERT((IDM_ABOUTBOX & 0xFFF0) == IDM_ABOUTBOX);
    ASSERT(IDM_ABOUTBOX < 0xF000);

    CMenu* pSysMenu = GetSystemMenu(FALSE);
    if (pSysMenu != NULL)
    {
    BOOL bNameValid;
    CString strAboutMenu;
    bNameValid = strAboutMenu.LoadString(IDS_ABOUTBOX);
    ASSERT(bNameValid);
    if (!strAboutMenu.IsEmpty())
    {
    pSysMenu->AppendMenu(MF_SEPARATOR);
```

```
pSysMenu->AppendMenu(MF_STRING, IDM_ABOUTBOX, strAboutMenu);
}
}

// 이 대화상자의 아이콘을 설정합니다. 응용 프로그램의 주 창이 대화상자가 아닐
경우에는
// 프레임워크가 이 작업을 자동으로 수행합니다.
SetIcon(m_hIcon, TRUE);        // 큰 아이콘을 설정합니다.
SetIcon(m_hIcon, FALSE);       // 작은 아이콘을 설정합니다.

// TODO: 여기에 추가 초기화 작업을 추가합니다.
img = imread("a.jpg", 1);      // image.jpg파일을 읽어들여 img에 저장

grayImg.create(img.rows, img.cols, CV_8UC1);
SobelVImg.create(img.rows, img.cols, CV_8UC1);
SobelHImg.create(img.rows, img.cols, CV_8UC1);
SobelImg.create(img.rows, img.cols, CV_8UC1);
BinaryImg.create(img.rows, img.cols, CV_8UC1);
ErodeImg.create(img.rows, img.cols, CV_8UC1);
DilateImg.create(img.rows, img.cols, CV_8UC1);
OpenedImg.create(img.rows, img.cols, CV_8UC1);
ClosedImg.create(img.rows, img.cols, CV_8UC1);

for (int v = 0; v < img.rows; v++)
{
uchar* grayImgData = grayImg.ptr<uchar>(v);
uchar* imgData = img.ptr<uchar>(v);
for (int u = 0; u < img.cols; u++)
{
grayImgData[u] = (uchar)((imgData[u*3] + imgData[u*3+1] + imgData[u*3+2]) / 3);
}
}

for (int v = 1; v < img.rows-1; v++)
{
for (int u = 1; u < img.cols-1; u++)
{
double tempV = 0;
```

```
    double tempH = 0;
    for (int m = -1; m < 2; m++)
    {
    for (int n = -1; n < 2; n++)
    {
    tempV += (double)grayImg.at<uchar>(v + n, u + m) * sobelVmask[1 + n][1 + m];
    tempH += (double)grayImg.at<uchar>(v + n, u + m) * sobelHmask[1 + n][1 + m];
    }
    }

    //절대값
    if (tempV < 0) tempV = -tempV;
    if (tempH < 0) tempH = -tempH;

    //정규화
    tempV = tempV * 255 / (255 * 4);
    tempH = tempH * 255 / (255 * 4);

    SobelVImg.at<uchar>(v, u) = (uchar)(tempV);
    SobelHImg.at<uchar>(v, u) = (uchar)(tempH);
    SobelImg.at<uchar>(v, u) = (uchar)((int)(SobelVImg.at<uchar>(v, u) +
SobelHImg.at<uchar>(v, u)) >> 1);

    if (SobelImg.at<uchar>(v, u) > 40)
    {
    BinaryImg.at<uchar>(v, u) = 255;
    }
    else
    {
    BinaryImg.at<uchar>(v, u) = 0;
    }
    }
    }
    return TRUE;  // 포커스를 컨트롤에 설정하지 않으면 TRUE를 반환합니다.
}

void CMFCApplication8Dlg::OnSysCommand(UINT nID, LPARAM lParam)
{
```

```
    if ((nID & 0xFFF0) == IDM_ABOUTBOX)
    {
    CAboutDlg dlgAbout;
    dlgAbout.DoModal();
    }
    else
    {
    CDialog::OnSysCommand(nID, lParam);
    }
}

// 대화상자에 최소화 단추를 추가할 경우 아이콘을 그리려면
// 아래 코드가 필요합니다. 문서/뷰 모델을 사용하는 MFC 응용 프로그램의 경우에는
// 프레임워크에서 이 작업을 자동으로 수행합니다.

void CMFCApplication8Dlg::OnPaint()
{
    if (IsIconic())
    {
    CPaintDC dc(this); // 그리기를 위한 디바이스 컨텍스트입니다.

    SendMessage(WM_ICONERASEBKGND, reinterpret_cast<WPARAM>(dc.GetSafeHdc()), 0);

    // 클라이언트 사각형에서 아이콘을 가운데에 맞춥니다.
    int cxIcon = GetSystemMetrics(SM_CXICON);
    int cyIcon = GetSystemMetrics(SM_CYICON);
    CRect rect;
    GetClientRect(&rect);
    int x = (rect.Width() - cxIcon + 1) / 2;
    int y = (rect.Height() - cyIcon + 1) / 2;

    // 아이콘을 그립니다.
    dc.DrawIcon(x, y, m_hIcon);
    }
    else
    {
    CPaintDC dc(this);
    CRect rect;
```

```
this->GetClientRect(&rect);

CRect rect1 = rect;
rect1.right = rect1.left + rect1.Width() / 4;
DrawCvMat(&dc, img, rect1);


CRect rect2 = rect;
rect2.left = rect.Width() / 4;
rect2.right = rect.Width() / 2;
DrawCvMat(&dc, grayImg, rect2);

CRect rect3 = rect;
rect3.left = rect.Width() / 2;
rect3.right = rect.Width() * 3 / 4;
DrawCvMat(&dc, BinaryImg, rect3);

CRect rect4 = rect;
rect4.left = rect4.left + rect4.Width() * 3 / 4;

if(btn == BTN_ERODE)
DrawCvMat(&dc, ErodeImg, rect4);
else if (btn == BTN_DILATE)
DrawCvMat(&dc, DilateImg, rect4);
else if(btn == BTN_OPENED)
DrawCvMat(&dc, OpenedImg, rect4);
else if(btn == BTN_CLOSED)
DrawCvMat(&dc, ClosedImg, rect4);
else
DrawCvMat(&dc, BinaryImg, rect4);


CDialog::OnPaint();
}
}

// 사용자가 최소화된 창을 끄는 동안에 커서가 표시되도록 시스템에서
// 이 함수를 호출합니다.
```

```
HCURSOR CMFCApplication8Dlg::OnQueryDragIcon()
{
    return static_cast<HCURSOR>(m_hIcon);
}


void CMFCApplication8Dlg::OnBnClickedBtnErode()
{
    uchar min;
    for (int v = 1; v < img.rows - 1; v++)
    {
    for (int u = 1; u < img.cols - 1; u++)
    {
    min = 255;
    for (int m = -1; m < 2; m++)
    {
    for (int n = -1; n < 2; n++)
    {
    if (BinaryImg.at<uchar>(v+n, u+m) < min)
    min = BinaryImg.at<uchar>(v + n, u + m);
    }
    }
    ErodeImg.at<uchar>(v, u) = min;
    }
    }
    btn = BTN_ERODE;
    Invalidate();
}

void CMFCApplication8Dlg::OnBnClickedBtnDilate()
{
    // TODO: 여기에 컨트롤 알림 처리기 코드를 추가합니다.
    uchar max;
    for (int v = 1; v < img.rows - 1; v++)
    {
    for (int u = 1; u < img.cols - 1; u++)
```

```
    {
    max = 0;
    for (int m = -1; m < 2; m++)
    {
    for (int n = -1; n < 2; n++)
    {
    if (BinaryImg.at<uchar>(v + n, u + m) > max)
    max = BinaryImg.at<uchar>(v + n, u + m);
    }
    }
    DilateImg.at<uchar>(v, u) = max;
    }
    }

    btn = BTN_DILATE;
    Invalidate();
}


void CMFCApplication8Dlg::OnBnClickedBtnOpened()
{
    //Dilate -> Erode
    uchar max, min;

    for (int v = 1; v < img.rows - 1; v++)
    {
    for (int u = 1; u < img.cols - 1; u++)
    {
    max = 0;
    for (int m = -1; m < 2; m++)
    {
    for (int n = -1; n < 2; n++)
    {
    if (BinaryImg.at<uchar>(v + n, u + m) > max)
    max = BinaryImg.at<uchar>(v + n, u + m);
    }
    }
    DilateImg.at<uchar>(v, u) = max;
```

```
    }
    }

    for (int v = 1; v < img.rows - 1; v++)
    {
    for (int u = 1; u < img.cols - 1; u++)
    {
    min = 255;
    for (int m = -1; m < 2; m++)
    {
    for (int n = -1; n < 2; n++)
    {
    if (DilateImg.at<uchar>(v + n, u + m) < min)
    min = DilateImg.at<uchar>(v + n, u + m);
    }
    }
    OpenedImg.at<uchar>(v, u) = min;
    }
    }
    btn = BTN_OPENED;
    Invalidate();
}

void CMFCApplication8Dlg::OnBnClickedBtnClosed()
{
    //Erode -> Dilate

    uchar min, max;

    for (int v = 1; v < img.rows - 1; v++)
    {
    for (int u = 1; u < img.cols - 1; u++)
    {
    min = 255;
    for (int m = -1; m < 2; m++)
    {
    for (int n = -1; n < 2; n++)
```

```
    {
    if (BinaryImg.at<uchar>(v + n, u + m) < min)
    min = BinaryImg.at<uchar>(v + n, u + m);
    }
    }
    ErodeImg.at<uchar>(v, u) = min;
    }
    }

    for (int v = 1; v < img.rows - 1; v++)
    {
    for (int u = 1; u < img.cols - 1; u++)
    {
    max = 0;
    for (int m = -1; m < 2; m++)
    {
    for (int n = -1; n < 2; n++)
    {
    if (ErodeImg.at<uchar>(v + n, u + m) > max)
    max = ErodeImg.at<uchar>(v + n, u + m);
    }
    }
    ClosedImg.at<uchar>(v, u) = max;
    }
    }
    btn = BTN_CLOSED;
    Invalidate();
}


void CMFCApplication8Dlg::OnBnClickedBtnExit()
{
    // TODO: 여기에 컨트롤 알림 처리기 코드를 추가합니다.
    this->DestroyWindow();
}
```

The C Programming Language

02 OpenCV 라이브러리 활용

학습목표
1. 템플릿 매칭과 영상 스티칭을 설명할 수 있다 . 2. 차영상 기반 비디오 프로세싱 및 직선 추출을 설명 할 수 있다.

1. 템플릿 매칭(Template Matching)

1) 템플릿 매칭 개요

템플릿 매칭(template matching)은 템플릿(template) 영상과 매칭되는 입력 영상 내의 위치를 찾는 방법이다. 일반적으로 템플릿 매칭은 입력 영상 내 템플릿의 위치가 이동(translation)되는 경우는 문제없이 찾을 수 있는 반면, 회전 및 스케일링된 템플릿의 매칭은 어렵다. 템플릿 매칭에서 가장 기본적으로 영상의 밝기를 사용하지만 경우에 따라서는 에지, 코너점, 주파수 변환 등의 특징 공간으로 변환하여 템플릿 매칭을 수행할 수 있다. OpenCV에서는 템플릿 매칭을 위해 아래와 같이 6가지의 상관도 옵션을 제공하고 있으며, 각각의 옵션은 템플릿과 입력 영상 간의 영상 밝기를 비교하는 차이가 있으므로 시험 후에 사용이 필요하다.

(1) CV_TM_SQDIFF(제곱 차)

입력 영상의 픽셀 밝기 값과 템플릿의 픽셀 밝기 값의 차를 구한 후 제곱하는 제곱 차 매칭 방법이다. T는 템플릿 I는 입력 영상이다. 템플릿과 입력 영상의 픽셀 간 차이가 없고 정확하게 같은 위치일 경우에 상관 함수 R의 결과는 0이 나온다. 템플릿과 입력 영상이 다를수록 R값은 커지게 된다.

$$\mathrm{R}(x,y)=\sum_{x',y'}(\mathrm{T}(x',y')-\mathrm{I}(x+x',y+y'))^2$$

(2) CV_TM_CCORR(교차 상관)

상관관계 방법으로 템플릿과 입력 영상의 곱을 모두 더한다. 매칭되는 위치에서 큰 값을 갖는다. 완벽하게 일치하면 값이 크게 나오고, 일치하지 않으면 작은 값이 나오거나 0이 나온다.

$$\mathrm{R}(x,y)=\sum_{x',y'}(\mathrm{T}(x',y')\cdot\mathrm{I}(x+x',y+y'))$$

(3) CV_TM_CCOEFF(상관 계수)

입력 영상에서 매칭 대상이 되는 영역의 평균과 템플릿의 픽셀 밝기의 평균을 고려하여 매칭을 수행한다. 완벽하게 일치하면 1을 반환하고, 완전히 불일치하면 -1을 반환한다. 0을 반환하는 경우는 두 입력 영상과 템플릿 사이에 전혀 연관성이 없음을 의미한다.

$$\mathrm{R}(x,y)=\sum_{x',y'}(\mathrm{T}'(x',y')\cdot\mathrm{I}'(x+x',y+y'))$$

여기서

$$\mathrm{T}'(x',y')=\mathrm{T}(x',y')-\frac{\sum_{(x'',y'')}\mathrm{T}(x'',y'')}{(w\cdot h)}$$

$$\mathrm{I}'(x',y')=\mathrm{I}(x',y')-\frac{\sum_{(x'',y'')}\mathrm{I}(x'',y'')}{(w\cdot h)}$$

(4) CV_TM_SQDIFF_NORMED(정규화 제곱 차)

제곱 차 매칭 방법(CV_TM_SQDIFF)에서 정규화 계수를 나눈 것이다. 정규화된 방법은 입력 영상과 템플릿 영상 사이에 조명의 차이가 존재할 때(ex. 야외에서 촬영한 경우), 그 영향을 크게 줄여 주기 때문에 유용하게 사용된다.

$$R(x,y) = \frac{\sum_{x',y'} (T(x',y') - I(x+x',y+y'))^2}{\sqrt{\sum_{x',y'} T(x',y')^2 \cdot \sum_{x',y'} I(x+x',y+y')^2}}$$

(5) CV_TM_CCORR_NORMED(정규화 상호 상관관계)

상관관계 매칭 방법(CV_TM_CCORR)에서 정규화 계수를 나눈 것이다.

$$R(x,y) = \frac{\sum_{x',y'} (T(x',y') \cdot I(x+x',y+y'))}{\sqrt{\sum_{x',y'} T(x',y')^2 \cdot \sum_{x',y'} I(x+x',y+y')^2}}$$

(6) CV_TM_CCOEFF_NORMED(정규화 상관 계수)

상관 계수 매칭 방법(CV_TM_CCOEFF)에서 정규화 계수를 나눈 것이다.

$$R(x,y) = \frac{\sum_{x',y'} (T'(x',y') \cdot I'(x+x',y+y'))}{\sqrt{\sum_{x',y'} T'(x',y')^2 \cdot \sum_{x',y'} I'(x+x',y+y')^2}}$$

실습 과제 11 템플릿 매칭

11번째 실습 과제는 OpenCV를 사용한 템플릿 매칭을 만든다. 메뉴에서 "파일" -> "새로 만들기" -> "프로젝트"를 선택한 뒤 새 프로젝트 팝업 윈도우가 생성되면 좌측 템플릿 선택 공간에서 "Visual C++"을 선택하고 중앙에서 "MFC 응용 프로그램"을 선택한 후 아래 이름, 위치 공간에 적절한 예제명과 디렉터리 위치를 선정한다. MFC 응용 프로그램의 응용 프로그램 형식 옵션을 선택하는 화면에서 응용 프로그램 종류를 "대화상자 기반"으로 선택한다.

리소스 뷰에서 "Dialog"를 선택하고 기본 버튼 "확인", "취소"를 삭제한 뒤에 위 그림과 같이 도구상자에서 "Button" 컨트롤을 드래그 앤 드롭하여 생성한다. 아래 속성표를 참조하여 각 버튼별 속성값을 지정한다.

컨트롤별 속성과 속성값

컨트롤 구분	속성명	속성값
SQDIFF 버튼	ID	IDC_BTN_SQDIFF
	Caption	SQDIFF
SQDIFF NORM 버튼	ID	IDC_BTN_SQDIFFNORM
	Caption	SQDIFF NORM
CCORR 버튼	ID	IDC_BTN_CCORR
	Caption	CCORR
CCORR NORM 버튼	ID	IDC_BTN_CCORRNORM
	Caption	Closed
CCOEFF 버튼	ID	IDC_BTN_CCOEFF
	Caption	Opened
CCOEFF NORM 버튼	ID	IDC_BTN_CCOEFFNORM
	Caption	Closed
Exit 버튼	ID	IDC_BTN_EXIT
	Caption	Exit

OpenCV 라이브러리를 사용하기 위해서는 프로젝트의 환경 설정에서 헤더 파일 경로 추가, 라이브러리 파일의 경로 추가, 라이브러리 파일 추가, 디버깅 환경에서 DLL 파일 경로를 추가해 주어야 한다. 자세한 것은 "OpenCV 라이브러리 설정" 챕터를 참조하면 된다.

OpenCV 라이브러리를 사용하기 위해서는 프로젝트의 환경 설정에서 헤더 파일 경로 추가, 라이브러리 파일의 경로 추가, 라이브러리 파일 추가, 디버깅 환경에서 DLL파일 경로를 추가 해주어야 한다. 자세한 것은 "OpenCV 라이브러리 설정" 챕터를 참조하면 된다.

헤더 파일을 열고 아래와 같이 OpenCV 라이브러리 헤더 파일과 네임 스페이스를 추가한다.

```
#include "opencv2/core.hpp"
#include "opencv2/imgproc.hpp"
#include "opencv2/highgui.hpp"

using namespace cv;
```

사용자가 어떤 버튼을 눌렀는지 확인하는 용도로 사용될 열거형을 다음과 같이 헤더 파일에 선언한다.

```
enum BTN_CASE {
    BTN_SQDIFF = 1001,
    BTN_SQDIFFNORM,
    BTN_CCORR,
    BTN_CCORRNORM,
    BTN_CCOEFF,
    BTN_CCOEFFNORM,
    BTN_NONE
};
```

응용 프로그램에서 사용될 변수를 선언하기 위해 다이얼로그의 헤더 파일을 열고 다음과 같이 코드를 작성한다. 다이얼로그 클래스의 멤버 변수로 cv::Mat 클래스의 객체를 선언한다. 본 예제에서 사용할 영상 이미지는 TgtImg에 저장되고 검색할 이미지는 TemplateImg에 저장한다. 검색 위치를 4각형 이미지로 표시할 결과 이미지는 ResultImg 변수에 저장한다.

```
public:
    enum BTN_CASE btn = BTN_NONE;
    Mat TgtImg;
    Mat TemplateImg;
    Mat ResultImg;
```

OnInitDialog() 메소드에 아래 코드와 같이 멤버 변수에 영상을 로드한다. 로드된 영상의 사본을 ResultImg 변수에 clone() 메소드를 이용해 생성한다.

```
    TgtImg = imread("smallPictureExample2.bmp", 1);
    TemplateImg = imread("Template.bmp", 1);
    ResultImg = TgtImg.clone();
```

이미지를 화면에 출력하기 위해서는 앞서 예제에서 사용한 DrawCvMat() 함수를 사용하여 Mat을 윈도우즈에서 다룰 수 있는 비트맵 형태로 변환하는 과정이 필요하다. 이번 예제에서는 출력 영상의 스케일링을 선택적으로 할 수 있도록 아래 코드와 같이 매개변수를 추가하고 코드를 수정하였다.

```
void DrawCvMat(CDC* pDC, cv::Mat& origin, CRect rect, BOOL bStretch)
{
    CImage mfcImg;
    cv::Mat outImg;
    cv::flip(origin, outImg, 0);
    //흑백이면 채널을3으로
    if (outImg.channels() == 1) {
    cv::cvtColor(outImg, outImg, CV_GRAY2BGR);
    }
    //이미지의 크기를 rect에 들어가게 수정합니다.
    if (bStretch)
    {
    if(outImg.cols != rect.Width() || outImg.rows != rect.Height())
    {
    int newWidth = outImg.cols*(rect.Height() / (double)outImg.rows);
    int newHeight = rect.Height();
    if (newWidth > rect.Width()) {
    newWidth = rect.Width();
    newHeight = outImg.rows*(rect.Width() / (double)outImg.cols);
    }
    cv::resize(outImg, outImg, cv::Size(newWidth, newHeight), 0, 0, CV_INTER_NN);
    }
    }
    else
    {
    if (outImg.cols >= rect.Width() || outImg.rows >= rect.Height())
    {
    int newWidth = outImg.cols*(rect.Height() / (double)outImg.rows);
    int newHeight = rect.Height();
    if (newWidth > rect.Width()) {
    newWidth = rect.Width();
    newHeight = outImg.rows*(rect.Width() / (double)outImg.cols);
    }
```

```
    cv::resize(outImg, outImg, cv::Size(newWidth, newHeight), 0, 0, CV_INTER_NN);
    }
    }
    mfcImg.Create(outImg.cols, outImg.rows, 24);
    BITMAPINFO bitInfo = { { sizeof(BITMAPINFOHEADER),outImg.cols,outImg.rows,1,24 },0 };

    void* vp = outImg.data;
    IplImage* iplimage = nullptr;
    if (outImg.cols % 4 != 0 && outImg.isContinuous()) {
    iplimage = cvCreateImage(outImg.size(), 8, outImg.channels());
    outImg.copyTo(cv::cvarrToMat(iplimage));
    vp = iplimage->imageData;
    }
    pDC->SetStretchBltMode(HALFTONE);
    StretchDIBits(mfcImg.GetDC(), 0, 0, outImg.cols, outImg.rows, 0, 0, outImg.cols,
outImg.rows, vp, &bitInfo, DIB_RGB_COLORS, SRCCOPY);
    if (iplimage != nullptr) {
    cvReleaseImage(&iplimage);
    }
    mfcImg.BitBlt(*pDC, (rect.Width() - outImg.cols) / 2 + rect.left, (rect.Height() -
outImg.rows) / 2 + rect.top);
    mfcImg.ReleaseDC();
    outImg.release();
}
```

다음은 필터링 결과를 윈도우에 출력하기 위한 OnPaint 함수이다. 첫 부분은 입력된 컬러 영상을 출력하기 위해 DrawCvMat을 호출하는 부분이다.

```
    CPaintDC dc(this);
    CRect rect;
    this->GetClientRect(&rect);

    CRect rect1 = rect;
    rect1.right = rect.left + rect.Width() * 3 / 8;
    DrawCvMat(&dc, TgtImg, rect1, TRUE);
```

```
CRect rect2 = rect;
rect2.left = rect.Width() * 3 / 8;
rect2.right = rect.Width() * 6 / 8;
DrawCvMat(&dc, ResultImg, rect2, TRUE);

CRect rect3 = rect;
rect3.left = rect.Width() * 6 / 8;
rect3.right = rect.Width() * 7 / 8;
DrawCvMat(&dc, TemplateImg, rect3, FALSE);
```

템플릿 매칭 결과를 확인하기 위해 프로그램을 실행하면 아래와와 같이 폼이 로드되면서 입력 영상, 매칭 결과, 템플릿을 출력해 주고 있다.

〈그림 Ⅲ – 21〉 프로그램 실행 초기 화면

〈그림 Ⅲ – 22〉 SQDIFF 매칭 결과

다음은 헤더 파일의 코드 전문이다.

```
// MFCApplication9Dlg.h: 헤더 파일
//

#pragma once
#include "opencv2/core.hpp"
#include "opencv2/imgproc.hpp"
```

```
#include "opencv2/highgui.hpp"

using namespace cv;

enum BTN_CASE {
    BTN_SQDIFF = 1001,
    BTN_SQDIFFNORM,
    BTN_CCORR,
    BTN_CCORRNORM,
    BTN_CCOEFF,
    BTN_CCOEFFNORM,
    BTN_NONE
};

// CMFCApplication9Dlg 대화상자
class CMFCApplication9Dlg : public CDialog
{
public:
    enum BTN_CASE btn = BTN_NONE;
    Mat TgtImg;
    Mat TemplateImg;
    Mat ResultImg;

// 생성입니다.
public:
    CMFCApplication9Dlg(CWnd* pParent = NULL);   // 표준 생성자입니다.

// 대화상자 데이터입니다.
#ifdef AFX_DESIGN_TIME
    enum { IDD = IDD_MFCAPPLICATION9_DIALOG };
#endif

    protected:
    virtual void DoDataExchange(CDataExchange* pDX);        // DDX/DDV 지원입니다.


// 구현입니다.
protected:
```

```
    HICON m_hIcon;

    // 생성된 메시지 맵 함수
    virtual BOOL OnInitDialog();
    afx_msg void OnSysCommand(UINT nID, LPARAM lParam);
    afx_msg void OnPaint();
    afx_msg HCURSOR OnQueryDragIcon();
    DECLARE_MESSAGE_MAP()
public:
    afx_msg void OnBnClickedBtnSqdiff();
    afx_msg void OnBnClickedBtnSqdiffnorm();
    afx_msg void OnBnClickedBtnCcorr();
    afx_msg void OnBnClickedBtnCcorrnorm();
    afx_msg void OnBnClickedBtnCcoeff();
    afx_msg void OnBnClickedBtnCcoeffnorm();
    afx_msg void OnBnClickedBtnExit();
};
```

다음은 Cpp 파일의 코드 전문이다.

```
// MFCApplication9Dlg.cpp: 구현 파일
//

#include "stdafx.h"
#include "MFCApplication9.h"
#include "MFCApplication9Dlg.h"
#include "afxdialogex.h"

#ifdef _DEBUG
#define new DEBUG_NEW
#endif

void DrawCvMat(CDC* pDC, cv::Mat& origin, CRect rect, BOOL bStretch)
{
    CImage mfcImg;
```

```
cv::Mat outImg;
cv::flip(origin, outImg, 0);
//흑백이면 채널을 3으로
if (outImg.channels() == 1) {
cv::cvtColor(outImg, outImg, CV_GRAY2BGR);
}
//이미지의 크기를 rect에 들어가게 수정합니다.
if (bStretch)
{
if(outImg.cols != rect.Width() || outImg.rows != rect.Height())
{
int newWidth = outImg.cols*(rect.Height() / (double)outImg.rows);
int newHeight = rect.Height();
if (newWidth > rect.Width()) {
newWidth = rect.Width();
newHeight = outImg.rows*(rect.Width() / (double)outImg.cols);
}
cv::resize(outImg, outImg, cv::Size(newWidth, newHeight), 0, 0, CV_INTER_NN);
}
}
else
{
if (outImg.cols >= rect.Width() || outImg.rows >= rect.Height())
{
int newWidth = outImg.cols*(rect.Height() / (double)outImg.rows);
int newHeight = rect.Height();
if (newWidth > rect.Width()) {
newWidth = rect.Width();
newHeight = outImg.rows*(rect.Width() / (double)outImg.cols);
}
cv::resize(outImg, outImg, cv::Size(newWidth, newHeight), 0, 0, CV_INTER_NN);
}
}
mfcImg.Create(outImg.cols, outImg.rows, 24);
BITMAPINFO bitInfo = { { sizeof(BITMAPINFOHEADER),outImg.cols,outImg.rows,1,24 },0 };

void* vp = outImg.data;
IplImage* iplimage = nullptr;
```

```
    if (outImg.cols % 4 != 0 && outImg.isContinuous()) {
    iplimage = cvCreateImage(outImg.size(), 8, outImg.channels());
    outImg.copyTo(cv::cvarrToMat(iplimage));
    vp = iplimage->imageData;
    }
    pDC->SetStretchBltMode(HALFTONE);
    StretchDIBits(mfcImg.GetDC(), 0, 0, outImg.cols, outImg.rows, 0, 0, outImg.cols,
outImg.rows, vp, &bitInfo, DIB_RGB_COLORS, SRCCOPY);
    if (iplimage != nullptr) {
    cvReleaseImage(&iplimage);
    }
    mfcImg.BitBlt(*pDC, (rect.Width() - outImg.cols) / 2 + rect.left, (rect.Height() -
outImg.rows) / 2 + rect.top);
    mfcImg.ReleaseDC();
    outImg.release();
}
// 응용 프로그램 정보에 사용되는 CAboutDlg 대화상자입니다.

class CAboutDlg : public CDialogEx
{
public:
    CAboutDlg();

// 대화상자 데이터입니다.
#ifdef AFX_DESIGN_TIME
    enum { IDD = IDD_ABOUTBOX };
#endif

    protected:
    virtual void DoDataExchange(CDataExchange* pDX);    // DDX/DDV 지원입니다.

// 구현입니다.
protected:
    DECLARE_MESSAGE_MAP()
};

CAboutDlg::CAboutDlg() : CDialogEx(IDD_ABOUTBOX)
{
```

```
}

void CAboutDlg::DoDataExchange(CDataExchange* pDX)
{
    CDialogEx::DoDataExchange(pDX);
}

BEGIN_MESSAGE_MAP(CAboutDlg, CDialogEx)
END_MESSAGE_MAP()


// CMFCApplication9Dlg 대화 상자



CMFCApplication9Dlg::CMFCApplication9Dlg(CWnd* pParent /*=NULL*/)
    : CDialog(IDD_MFCAPPLICATION9_DIALOG, pParent)
{
    m_hIcon = AfxGetApp()->LoadIcon(IDR_MAINFRAME);
}

void CMFCApplication9Dlg::DoDataExchange(CDataExchange* pDX)
{
    CDialog::DoDataExchange(pDX);
}

BEGIN_MESSAGE_MAP(CMFCApplication9Dlg, CDialog)
    ON_WM_SYSCOMMAND()
    ON_WM_PAINT()
    ON_WM_QUERYDRAGICON()
    ON_BN_CLICKED(IDC_BTN_SQDIFF, &CMFCApplication9Dlg::OnBnClickedBtnSqdiff)
    ON_BN_CLICKED(IDC_BTN_SQDIFFNORM,
&CMFCApplication9Dlg::OnBnClickedBtnSqdiffnorm)
    ON_BN_CLICKED(IDC_BTN_CCORR, &CMFCApplication9Dlg::OnBnClickedBtnCcorr)
    ON_BN_CLICKED(IDC_BTN_CCORRNORM,
&CMFCApplication9Dlg::OnBnClickedBtnCcorrnorm)
    ON_BN_CLICKED(IDC_BTN_CCOEFF, &CMFCApplication9Dlg::OnBnClickedBtnCcoeff)
    ON_BN_CLICKED(IDC_BTN_CCOEFFNORM,
```

```
&CMFCApplication9Dlg::OnBnClickedBtnCcoeffnorm)
    ON_BN_CLICKED(IDC_BTN_EXIT, &CMFCApplication9Dlg::OnBnClickedBtnExit)
END_MESSAGE_MAP()

// CMFCApplication9Dlg 메시지 처리기

BOOL CMFCApplication9Dlg::OnInitDialog()
{
    CDialog::OnInitDialog();

    // 시스템 메뉴에 "정보..." 메뉴 항목을 추가합니다.

    // IDM_ABOUTBOX는 시스템 명령 범위에 있어야 합니다.
    ASSERT((IDM_ABOUTBOX & 0xFFF0) == IDM_ABOUTBOX);
    ASSERT(IDM_ABOUTBOX < 0xF000);

    CMenu* pSysMenu = GetSystemMenu(FALSE);
    if (pSysMenu != NULL)
    {
    BOOL bNameValid;
    CString strAboutMenu;
    bNameValid = strAboutMenu.LoadString(IDS_ABOUTBOX);
    ASSERT(bNameValid);
    if (!strAboutMenu.IsEmpty())
    {
    pSysMenu->AppendMenu(MF_SEPARATOR);
    pSysMenu->AppendMenu(MF_STRING, IDM_ABOUTBOX, strAboutMenu);
    }
    }

    // 이 대화상자의 아이콘을 설정합니다. 응용 프로그램의 주 창이 대화상자가 아닐
경우에는
    //  프레임워크가 이 작업을 자동으로 수행합니다.
    SetIcon(m_hIcon, TRUE);         // 큰 아이콘을 설정합니다.
    SetIcon(m_hIcon, FALSE);        // 작은 아이콘을 설정합니다.

    // TODO: 여기에 추가 초기화 작업을 추가합니다.
```

```
    TgtImg = imread("smallPictureExample2.bmp", 1);
    TemplateImg = imread("Template.bmp", 1);
    ResultImg = TgtImg.clone();

    return TRUE; // 포커스를 컨트롤에 설정하지 않으면 TRUE를 반환합니다.
}

void CMFCApplication9Dlg::OnSysCommand(UINT nID, LPARAM lParam)
{
    if ((nID & 0xFFF0) == IDM_ABOUTBOX)
    {
    CAboutDlg dlgAbout;
    dlgAbout.DoModal();
    }
    else
    {
    CDialog::OnSysCommand(nID, lParam);
    }
}

// 대화상자에 최소화 단추를 추가할 경우 아이콘을 그리려면
// 아래 코드가 필요합니다. 문서/뷰 모델을 사용하는 MFC 응용 프로그램의 경우에는
// 프레임워크에서 이 작업을 자동으로 수행합니다.

void CMFCApplication9Dlg::OnPaint()
{
    if (IsIconic())
    {
    CPaintDC dc(this); // 그리기를 위한 디바이스 컨텍스트입니다.

    SendMessage(WM_ICONERASEBKGND, reinterpret_cast<WPARAM>(dc.GetSafeHdc()), 0);

    // 클라이언트 사각형에서 아이콘을 가운데에 맞춥니다.
    int cxIcon = GetSystemMetrics(SM_CXICON);
    int cyIcon = GetSystemMetrics(SM_CYICON);
    CRect rect;
    GetClientRect(&rect);
    int x = (rect.Width() - cxIcon + 1) / 2;
```

```
    int y = (rect.Height() - cyIcon + 1) / 2;

    // 아이콘을 그립니다.
    dc.DrawIcon(x, y, m_hIcon);
    }
    else
    {
    CPaintDC dc(this);
    CRect rect;
    this->GetClientRect(&rect);

    CRect rect1 = rect;
    rect1.right = rect.left + rect.Width() * 3 / 8;
    DrawCvMat(&dc, TgtImg, rect1, TRUE);

    CRect rect2 = rect;
    rect2.left = rect.Width() * 3 / 8;
    rect2.right = rect.Width() * 6 / 8;
    DrawCvMat(&dc, ResultImg, rect2, TRUE);

    CRect rect3 = rect;
    rect3.left = rect.Width() * 6 / 8;
    rect3.right = rect.Width() * 7 / 8;
    DrawCvMat(&dc, TemplateImg, rect3, FALSE);

    CDialog::OnPaint();
    }
}

// 사용자가 최소화된 창을 끄는 동안에 커서가 표시되도록 시스템에서
// 이 함수를 호출합니다.
HCURSOR CMFCApplication9Dlg::OnQueryDragIcon()
{
    return static_cast<HCURSOR>(m_hIcon);
}
```

```
void CMFCApplication9Dlg::OnBnClickedBtnSqdiff()
{
	Point min_loc, max_loc;
	double min_val, max_val;
	Mat tm;
	ResultImg = TgtImg.clone();

	matchTemplate(TgtImg, TemplateImg, tm, TM_SQDIFF);
	minMaxLoc(tm, &min_val, NULL, &min_loc, NULL);
	rectangle(ResultImg, min_loc, Point(min_loc.x + TemplateImg.cols, min_loc.y + 
TemplateImg.rows), Scalar(255, 0, 0), 3);

	btn = BTN_SQDIFF;
	Invalidate();
}


void CMFCApplication9Dlg::OnBnClickedBtnSqdiffnorm()
{
	Point min_loc, max_loc;
	double min_val, max_val;
	Mat tm;
	ResultImg = TgtImg.clone();

	matchTemplate(TgtImg, TemplateImg, tm, TM_SQDIFF_NORMED);
	minMaxLoc(tm, &min_val, NULL, &min_loc, NULL);
	rectangle(ResultImg, min_loc, Point(min_loc.x + TemplateImg.cols, min_loc.y + 
TemplateImg.rows), Scalar(255, 0, 0), 3);

	btn = BTN_SQDIFFNORM;
	Invalidate();
}


void CMFCApplication9Dlg::OnBnClickedBtnCcorr()
{
	Point min_loc, max_loc;
	double min_val, max_val;
```

```
    Mat tm;
    ResultImg = TgtImg.clone();

    matchTemplate(TgtImg, TemplateImg, tm, TM_CCORR);
    minMaxLoc(tm, &min_val, NULL, &min_loc, NULL);
    rectangle(ResultImg, min_loc, Point(min_loc.x + TemplateImg.cols, min_loc.y +
TemplateImg.rows), Scalar(255, 0, 0), 3);

    btn = BTN_CCORR;
    Invalidate();
}


void CMFCApplication9Dlg::OnBnClickedBtnCcorrnorm()
{
    Point min_loc, max_loc;
    double min_val, max_val;
    Mat tm;
    ResultImg = TgtImg.clone();

    matchTemplate(TgtImg, TemplateImg, tm, TM_CCORR_NORMED);
    minMaxLoc(tm, NULL, &max_val, NULL, &max_loc);
    rectangle(ResultImg, max_loc, Point(max_loc.x + TemplateImg.cols, max_loc.y +
TemplateImg.rows), Scalar(255, 0, 0), 3);

    btn = BTN_CCORRNORM;
    Invalidate();
}


void CMFCApplication9Dlg::OnBnClickedBtnCcoeff()
{
    Point min_loc, max_loc;
    double min_val, max_val;
    Mat tm;
    ResultImg = TgtImg.clone();

    matchTemplate(TgtImg, TemplateImg, tm, TM_CCOEFF);
```

```
    minMaxLoc(tm, NULL, &max_val, NULL, &max_loc);
    rectangle(ResultImg, max_loc, Point(max_loc.x + TemplateImg.cols, max_loc.y +
TemplateImg.rows), Scalar(255, 0, 0), 3);

    btn = BTN_CCOEFF;
    Invalidate();
}


void CMFCApplication9Dlg::OnBnClickedBtnCcoeffnorm()
{
    Point min_loc, max_loc;
    double min_val, max_val;
    Mat tm;
    ResultImg = TgtImg.clone();

    matchTemplate(TgtImg, TemplateImg, tm, TM_CCOEFF_NORMED);
    minMaxLoc(tm, NULL, &max_val, NULL, &max_loc);
    rectangle(ResultImg, max_loc, Point(max_loc.x + TemplateImg.cols, max_loc.y +
TemplateImg.rows), Scalar(255, 0, 0), 3);

    btn = BTN_CCOEFFNORM;
    Invalidate();
}


void CMFCApplication9Dlg::OnBnClickedBtnExit()
{
    // TODO: 여기에 컨트롤 알림 처리기 코드를 추가합니다.
    this->DestroyWindow();
}
```

2. 모폴로지(Morphology)

앞에서 구현해 보았던 침식과 팽창 연산에 해당하는 모폴로지 함수를 Opencv도 제공하고 있다. 아래 프로그램에서는 Dilate 함수를 이용해서 팽창 연산을 손쉽게 구현해 보겠다.

프로그램 코드 전문

```
// ConsoleApplication38.cpp: 콘솔 응용 프로그램의 진입점을 정의합니다.
//

#include "stdafx.h"
#include "opencv2/core.hpp"
#include "opencv2/imgproc.hpp"
#include "opencv2/highgui.hpp"

using namespace cv;

int main()
{
    Mat gray = imread("Lena.png", IMREAD_GRAYSCALE);
    Mat binary;
    Mat dilate1;
    Mat dilate2;
    uchar kernelValues[] = { 0, 1, 0, 1, 1, 1, 0, 1, 0 };
    Mat kernel(3, 3, CV_8UC1, kernelValues);

    // Binarize
    threshold(gray, binary, 0, 255, CV_THRESH_OTSU);

    // empty kernel
    dilate(binary, dilate1, NULL);
    // + kernel
    dilate(binary, dilate2, kernel);


    imshow("binary", binary);
    imshow("dilate (kernel = null)", dilate1);
    imshow("dilate (kernel = +)", dilate2);
    waitKey(0);
```

```
    destroyAllWindows();

    return 0;
}
```

프로그램을 실행하면 입력 이미지로 "Lena.png"를 입력받는다. 이후 Binary 함수를 이용하여 그레이 영상을 이진화 영상으로 변형한다. 팽창 메소드는 커널을 넣지 않고 하는 방법과 커널의 크기 및 형태를 지정하여 사용할 수도 있다. 아래 영상은 이진화된 입력 영상과 커널을 지정하지 않은 팽창 연산의 결과 및 3x3 커널을 지정하여 팽창 연산을 수행한 결과이다.

〈그림 Ⅲ－23〉 이진화 연산을 수행한 입력 영상 및 Dilate(팽창) 연산을 수행한 결과 영상

3. 병합 및 분리(Merge and Split)

OpenCV에서 이미지 영상에 대해 Plane별 분리는 Split 메소드를 사용해서 매우 쉽게 분리할 수 있다. 마찬가지로 정합은 MixChannels 메소드를 이용해서 정합을 쉽게 할 수 있다.

프로그램 코드 전문

```
#include "stdafx.h"
#include "opencv2/core.hpp"
#include "opencv2/imgproc.hpp"
#include "opencv2/highgui.hpp"

using namespace cv;
using namespace std;

int main()
{
    Mat src = imread("Lena.png", 1);

    // Split each plane
    vector<Mat> planes;
    split(src, planes);

    imshow("planes 0", planes[0]);
    imshow("planes 1", planes[1]);
    imshow("planes 2", planes[2]);
    waitKey();
    destroyAllWindows();

    // Invert G plane
    bitwise_not(planes[1], planes[1]);

    // Merge
    Mat merged;
    merge(planes, merged);

    imshow("src", src);
    imshow("merged", merged);
```

```
    waitKey();
    destroyAllWindows();
    // MixChannels Test
    {
    Mat rgba(300, 300, CV_8UC4, Scalar(50, 100, 150, 200));
    Mat bgr(rgba.rows, rgba.cols, CV_8UC3);
    Mat alpha(rgba.rows, rgba.cols, CV_8UC1);

    Mat input[] = { rgba };
    Mat output[] = { bgr, alpha };
    // rgba[0] -> bgr[2], rgba[1] -> bgr[1],
    // rgba[2] -> bgr[0], rgba[3] -> alpha[0]
    int fromTo[] = { 0, 2, 1, 1, 2, 0, 3, 3 };
    mixChannels(input, 1, output, 2, fromTo, 4);

    imshow("rgba", rgba);
    imshow("bgr", bgr);
    imshow("alpha", alpha);
    waitKey();
    destroyAllWindows();
    }
    return 0;
}
```

〈그림 Ⅲ – 24〉 Plane별 이미지 출력 결과

〈그림 Ⅲ – 25〉 원 RGB이미지와 Plane별로 나뉘어진 영상을 합친 결과 영상

〈그림 Ⅲ－26〉 RGBA 이미지, BGR, 알파 채널 결과 영상

4. 히스토그램(Histogram)

앞서 설명했던 영상의 히스토그램 계산 프로그램을 OpenCV의 함수를 이용해서 구현을 해보겠다.

프로그램 코드 전문

```
// ConsoleApplication38.cpp: 콘솔 응용 프로그램의 진입점을 정의합니다.
//

#include "stdafx.h"
#include "opencv2/core.hpp"
#include "opencv2/objdetect/objdetect.hpp"
#include "opencv2/imgproc.hpp"
#include "opencv2/highgui.hpp"

using namespace cv;
using namespace std;

int main()
{
    Mat src = imread("Lena.png", IMREAD_GRAYSCALE);

    // Histogram view
    const int Width = 260, Height = 200;
    Mat render(Size(Width, Height), CV_8UC3, Scalar(255,255,255));
```

```
    // Calculate histogram
    MatND histogram;
    int hdims = 256; // Histogram size for each dimension
    float channel_range[] = { 0.0, 255.0 };
    const float* channel_ranges[] = { channel_range };

    calcHist(&src,1, 0, Mat(), histogram, 1, &hdims, channel_ranges, true, false);

    // Plot the histogram
    int hist_w = 512;
    int hist_h = 400;
    int bin_w = cvRound((double)hist_w / hdims);

    Mat histImage(hist_h, hist_w, CV_8UC1, Scalar(0, 0, 0));
    normalize(histogram, histogram, 0, histImage.rows, NORM_MINMAX, -1, Mat());

    for (int i = 1; i < hdims; i++)
    {
    line(histImage, Point(bin_w*(i - 1), hist_h - cvRound(histogram.at<float>(i - 1))),
    Point(bin_w*(i), hist_h - cvRound(histogram.at<float>(i))),
    Scalar(255, 0, 0), 2, 8, 0);
    }

    namedWindow("Original", CV_WINDOW_AUTOSIZE);
    namedWindow("Histogram", CV_WINDOW_AUTOSIZE);

    moveWindow("Original", 100, 100);
    moveWindow("Histogram", 120, 120);

    imshow("Original", src);
    imshow("Histogram", histImage);

    waitKey(0);
    return 0;
}
```

위 프로그램을 실행하면 윈도우가 2개 열리면서 첫 번째 윈도우에는 테스트 영상으로 지정한 Lena이미지가 출력된다. 나머지 윈도우에는 테스트 영상에 대한 히스토그램 그래프가 출력된다.

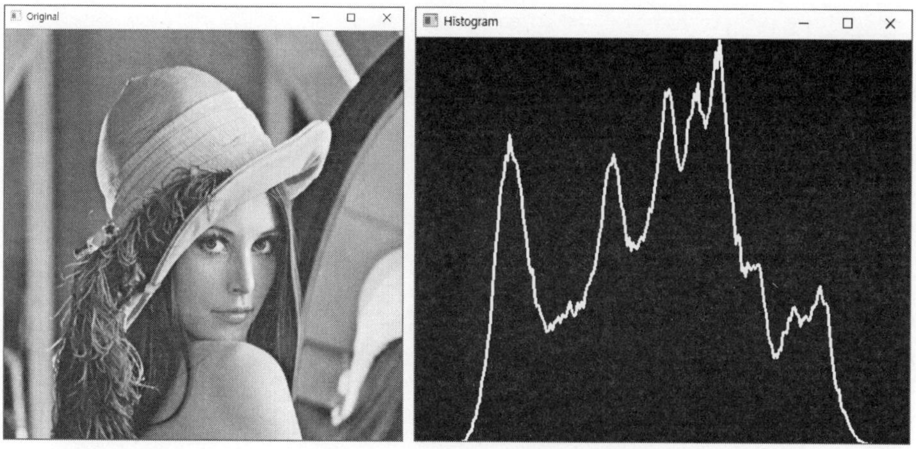

〈그림 Ⅲ – 27〉 Histogram 예제 실행 결과

5. DFT(Discrete Fourier Transform)

영상에서 주파수는 영상 픽셀의 밝기값 변화를 의미한다. 즉 영상의 고주파수는 픽셀의 밝기값 변화가 많다는 것이고 주파수가 낮다는 것은 밝기값 변화가 적다는 것을 의미한다. 아래 그림을 보면 윗 부분의 빨간선 부분은 밝기값 변화가 적기 때문에 저주파 영역이다. 아래 빨간선 부분은 밝기값 변화가 자주 일어나기 때문에 고주파 영역이다.

(a) 입력 사진

왼쪽 그림의 위, 아래 빨간선 픽셀들의 밝기값 변화를 그래프로 나타내면 아래 그래프와 같이 나타낼 수 있다. 그래프의 x축은 영상에서 픽셀의 x좌표를 나타내며 y축은 픽셀의 밝기값이다. 저주파 영역의 그래프는 변화가 거의 없이 일정하게 밝기값이 유지된다. 고주파 영역의 경우 밝기값 변화가 많으므로 그래프가 크게 요동을 친다. 이러한 x좌표에 따른 밝기값 그래프를 푸리에 변환과 같은 기법을 이용해 다양한 주기의 정현파(Sin, Cos함수)의 조합으로 분석하는 것을 주파수 변환이라 한다.

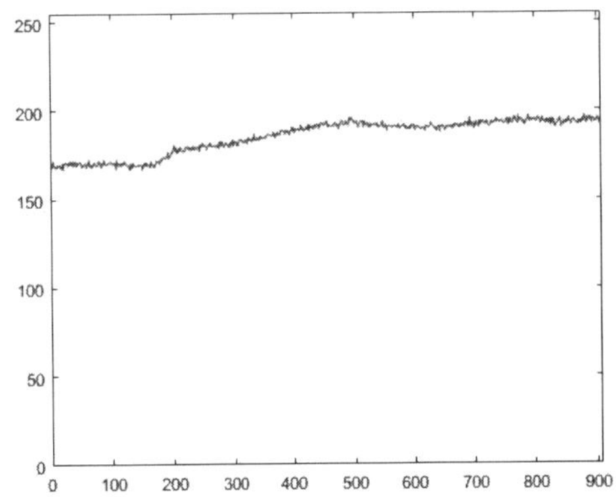

(b) 402번째줄 픽셀들의 밝기값 그래프

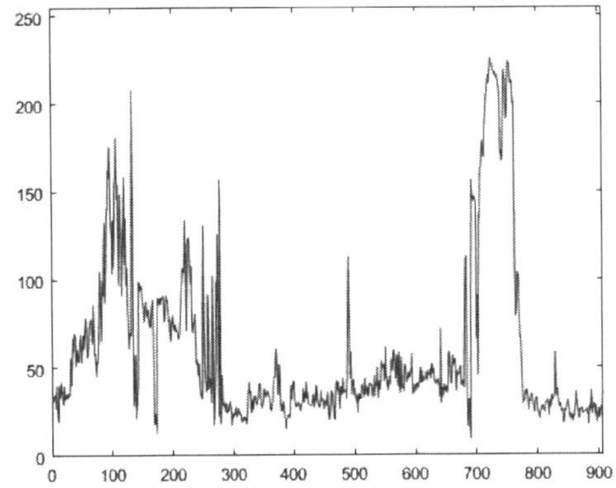

(c) 825번째줄 픽셀들의 밝기값 그래프

아래 그래프와 같이 주파수 변환 결과는 x축은 주파수, y축은 각 주파수 값에 대한 신호 성분의 세기를 나타내는 그래프가 나오게 된다.

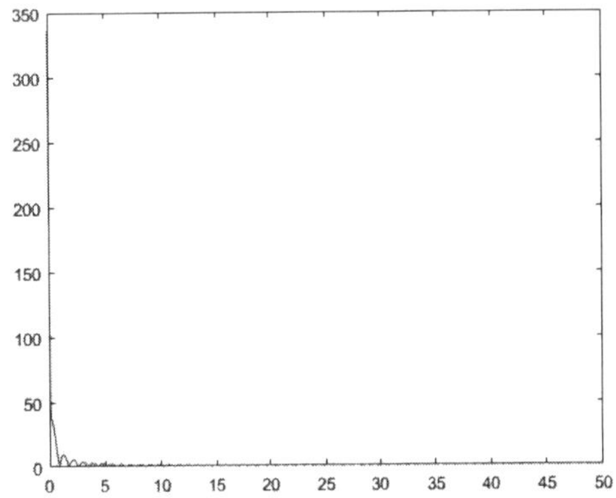

(b)402번째줄의 주파수 스펙트럼

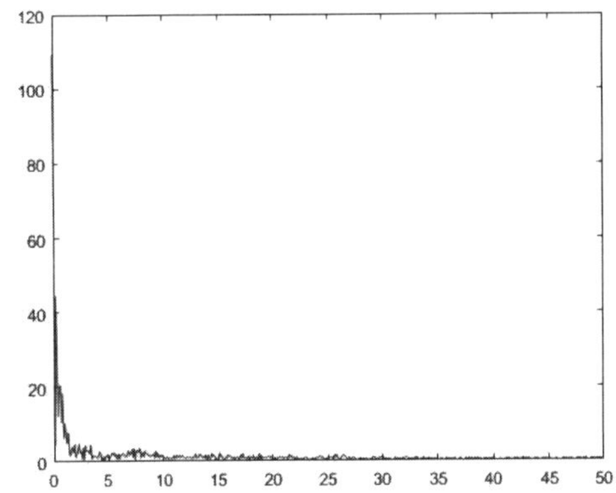

(b)825번째줄의 주파수 스펙트럼

영상에서 주파수의 의미를 대략 알아보았다. 영상 신호를 주파수 영역으로 변환하면 컨벌루션 연산(마스크기반 처리)이 편리해진다. 우리는 앞에서 밴드패스 필터를 이용한 컨벌루션 연산으로 영상 잡음을 제거 했는데 필터의 마스크 크기가 증가할수록 연산 시간이 마스크 면적에 비례하여 증가했었다. 주파수 영역으로 변환된 신호에서 컨벌루션 연산은 주파수 성분 사이의 곱셈 연산으로 수행되 마스크의 크기에 상관없이 연산 시간이 일정하게 유지된다. 따라서 영상을 주파수 영역으로 변환하면 여러 가지 마스크를 이용한 필터링 연산을 더욱 효율적으로 수행할 수 있다. 또한 영상을 주파수 영역으로 변환하게 되면 영상의 메모리 용량을 줄이는 압축 작업도 할 수 있다. 위에서 주파수 영역으로 변환한 그래프를 보면 영상의 대부분이 저주파 성분으로 되어 있다. 따라서 미미하게 존재하는 고주파 성분을 영상 저장 과정에서 생략하면 시각적으로 식별할 수 있는 영상의 품질 저하를 최소화하면서 저장에 사용하는 메모리 용량도 최소화 할 수 있다. 이렇게 영상의 일부 성분을 제거하여 압축하는 것을 손실 압축이라고 하는데 주파수 영역 변환을 이용한 방법은 손실되는 정보에 비하여 메모리 용량 감소가 뛰어나다는 장점이 있다.

OpenCV에서는 영상을 주파수 영역으로 변환하기 위해서 DFT(Discrete Fourier Transform)을 지원한다. 아래 프로그램을 통해 DFT를 구현해본다.

program.cs 코드 전문

```
// ConsoleApplication38.cpp: 콘솔 응용 프로그램의 진입점을 정의합니다.
//

#include "stdafx.h"
#include "opencv2/core.hpp"
#include "opencv2/objdetect/objdetect.hpp"
#include "opencv2/imgproc.hpp"
#include "opencv2/highgui.hpp"

using namespace cv;
using namespace std;

int main()
{
    Mat I = imread("Lena.png", IMREAD_GRAYSCALE);

    Mat padded;                                 //expand input image to optimal size
    int m = getOptimalDFTSize(I.rows);
    int n = getOptimalDFTSize(I.cols); // on the border add zero values
    copyMakeBorder(I, padded, 0, m - I.rows, 0, n - I.cols, BORDER_CONSTANT,
Scalar::all(0));

    Mat planes[] = { Mat_<float>(padded), Mat::zeros(padded.size(), CV_32F) };
    Mat complexI;
    merge(planes, 2, complexI);       // Add to the expanded another plane with zeros

    dft(complexI, complexI);           // this way the result may fit in the source matrix
```

```
    // compute the magnitude and switch to logarithmic scale
    // => log(1 + sqrt(Re(DFT(I))^2 + Im(DFT(I))^2))
    split(complexI, planes);          // planes[0] = Re(DFT(I), planes[1] = Im(DFT(I))
    magnitude(planes[0], planes[1], planes[0]);        // planes[0] = magnitude
    Mat magI = planes[0];

    magI += Scalar::all(1);           // switch to logarithmic scale
    log(magI, magI);

    // crop the spectrum, if it has an odd number of rows or columns
    magI = magI(Rect(0, 0, magI.cols & -2, magI.rows & -2));

    // rearrange the quadrants of Fourier image  so that the origin is at the image center
    int cx = magI.cols / 2;
    int cy = magI.rows / 2;

    Mat q0(magI, Rect(0, 0, cx, cy));         // Top-Left - Create a ROI per quadrant
    Mat q1(magI, Rect(cx, 0, cx, cy));        // Top-Right
    Mat q2(magI, Rect(0, cy, cx, cy));        // Bottom-Left
    Mat q3(magI, Rect(cx, cy, cx, cy));       // Bottom-Right

    Mat tmp;                                  // swap quadrants (Top-Left with Bottom-Right)
    q0.copyTo(tmp);
    q3.copyTo(q0);
    tmp.copyTo(q3);

    q1.copyTo(tmp);                           // swap quadrant (Top-Right with Bottom-Left)
    q2.copyTo(q1);
    tmp.copyTo(q2);

    normalize(magI, magI, 0, 1, CV_MINMAX); // Transform the matrix with float values
into a
    // viewable image form (float between values 0 and 1).

    imshow("Input Image", I);     // Show the result
    imshow("spectrum magnitude", magI);

    waitKey(0);
    return 0;
}
```

위 프로그램의 테스트 영상으로 "lena.png"를 입력하였다. 위 영상은 입력 이미지의 출력 화면이다. 입력된 영상을 DFT 변환을 통해 변환한 결과는 위의 DFT 결과 영상이다. 출력한 결과는 아래 영상이다.

6. Stereo Vision

인간의 시각 체계는 서로 다른 위치에서 획득된 두 영상의 시차를 이용해서 거리 정보를 획득한다. 스테레오 비전은 인간 시각 체계의 거리 추출 능력을 컴퓨터를 통해 구현한 하나의 사례이다. 이 방법은 초음파, 레이저 등의 여타 센서보다 효과적이고 실제 응용 환경의 제약을 적게 받는다는 장점 때문에 의료 영상, 공장 자동화 및 지도 제작에 널리 이용되고 있다.

스테레오 비전을 구현하기 위해서는 좌 영상과 우 영상 간의 동일 지점을 찾아내는 스테레오 정합이 가장 중요하다. OpenCV에서는 좌, 우 영상의 대응점을 찾기 위해 BM(Block Matching), SGBM(Semi Global Block Matching), GC(Graph Cut), cvaux(Birchfield and tomasi) 방법을 제공하고 있다. 아래 영상은 스테레오 대응점의 성능을 비교하기 위해 많이 사용되고 있는 Tsukuba 영상이다.

〈그림 III-28〉 Tsukuba 테스트 영상 좌 · 우

다음 프로그램의 구성은 먼저 좌 · 우 영상을 파일에서 로딩한 후에 매칭 결과를 저장할 IplImage 변수 4개를 정의한다. 이후 BM(Block Matching), SGBM(Semi Global Block Matching), GC(Graph Cut), cvaux(Birchfield and tomasi)방법을 호출하고 결과를 각각의 윈도우에 출력한다.

program.cs 코드 전문

```
// ConsoleApplication38.cpp: 콘솔 응용 프로그램의 진입점을 정의합니다.
//

#include "stdafx.h"
#include "opencv2/core.hpp"
#include "opencv2/calib3d.hpp"
#include "opencv2/imgproc.hpp"
#include "opencv2/highgui.hpp"

using namespace cv;
using namespace std;

int main()
{
    //-- 1. Read the images
    Mat imgLeft = imread("tsukuba_left.png", IMREAD_GRAYSCALE);
    Mat imgRight = imread("tsukuba_right.png", IMREAD_GRAYSCALE);
    //-- And create the image in which we will save our disparities
    Mat imgDisparity16S = Mat(imgLeft.rows, imgLeft.cols, CV_16S);
    Mat imgDisparity8U = Mat(imgLeft.rows, imgLeft.cols, CV_8UC1);

    //-- 2. Call the constructor for StereoBM
    int ndisparities = 16 * 5;    /**< Range of disparity */
```

```
    int SADWindowSize = 21; /**< Size of the block window. Must be odd */

    Ptr<StereoBM> sbm = StereoBM::create(ndisparities, SADWindowSize);

    //-- 3. Calculate the disparity image
    sbm->compute(imgLeft, imgRight, imgDisparity16S);

    //-- Check its extreme values
    double minVal; double maxVal;

    minMaxLoc(imgDisparity16S, &minVal, &maxVal);

    printf("Min disp: %f Max value: %f ₩n", minVal, maxVal);

    //-- 4. Display it as a CV_8UC1 image
    imgDisparity16S.convertTo(imgDisparity8U, CV_8UC1, 255 / (maxVal - minVal));

    namedWindow("Disparity", WINDOW_NORMAL);
    imshow("Disparity", imgDisparity8U);

    //-- 5. Save the image
    imwrite("SBM_sample.png", imgDisparity16S);

    waitKey(0);
    return 0;
}
```

위 프로그램을 실행하면 아래 그림과 같이 Disparity map이 생성된다.

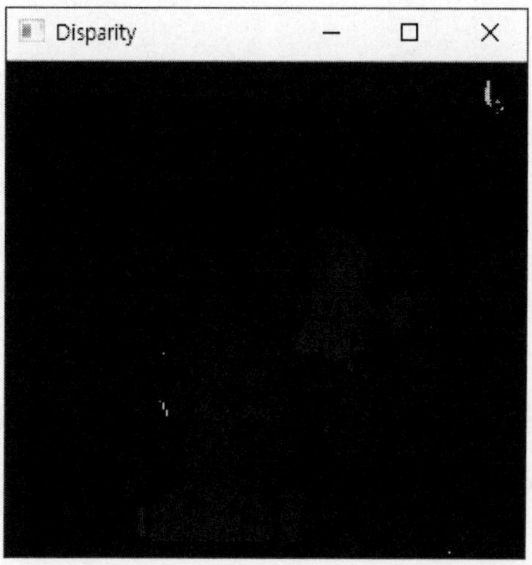

7. 영상 스티칭

1) 특징점(Feature)

(1) 특징점(Feature) 개요

2D 영상은 픽셀의 집합으로 구성된다. 픽셀은 R,G,B 채널의 밝기값으로 구성되며 우리가 영상을 보면서 인식하는 특징들은 이러한 픽셀 간의 채널별 밝기값의 차이로 만들어진다. 따라서 아래 왼쪽 그림에서 A지점과 같은 경우 오른쪽 그림에서 대응하는 지점을 찾기가 어렵지만 B지점의 경우 지붕 모서리는 오른쪽 그림에서 쉽게 대응점을 찾을수 있다.

즉, 좋은 영상의 특징점은 물체의 형태나 크기, 위치가 변해도 쉽게 식별이 가능해야 하며 카메라의 시점, 조명이 변해도 영상에서 해당 지점을 쉽게 찾아낼 수 있어야만 한다. 실제 영상 처리에서 이러한 조건을 만족하는 가장 좋은 특징점은 바로 코너이다.

대표적인 코너 추출 방법으로는 1988년에 발표된 Harris Corner가 있다. Harris Corner는 스케일 변화에 취약하여 이후 이를 보완하는 많은 연구가 진행되었으며 2004년에 David Lowe의 SIFT(Scale Invariant Feature Transform)가 발표되면서 스케일 변화에도 강인한 특징점이 개발되었다. SIFT에서는 기존의 Harris Corner의 스케일 변화에 민감한 문제를 해결하기 위하여 DoG(Difference of Gaussian)를 기반으로 스케일 축으로도 코너성이 극대인 점을 찾아서 이를 사용하게 된다.

특징점을 사용하게 되면 많이 접하는 용어로 기술자(descriptor)와 특징점(keypoint)을 서로 구분할 필요가 있는데 keypoint는 특징이 되는 점의 영상 좌표 (x,y)를 의미하고(scale space까지 고려한다면 (x,y,s)), descriptor는 해당 keypoint 위치에서 추출한 지역적 영상 특징 정보(ex. gradient 분포 히스토그램 등)를 의미한다.

(2) SIFT와 SURF 개요

SIFT는 특징점 주변의 영상 패치를 4×4 블럭으로 나누고 각 블럭에 속한 픽셀들의 gradient 방향과 크기에 대한 히스토그램을 계산하고 각 히스토그램 bin 값들을 일렬로 연결한 128차원 벡터를 기술자(Descriptor)로 사용한다.

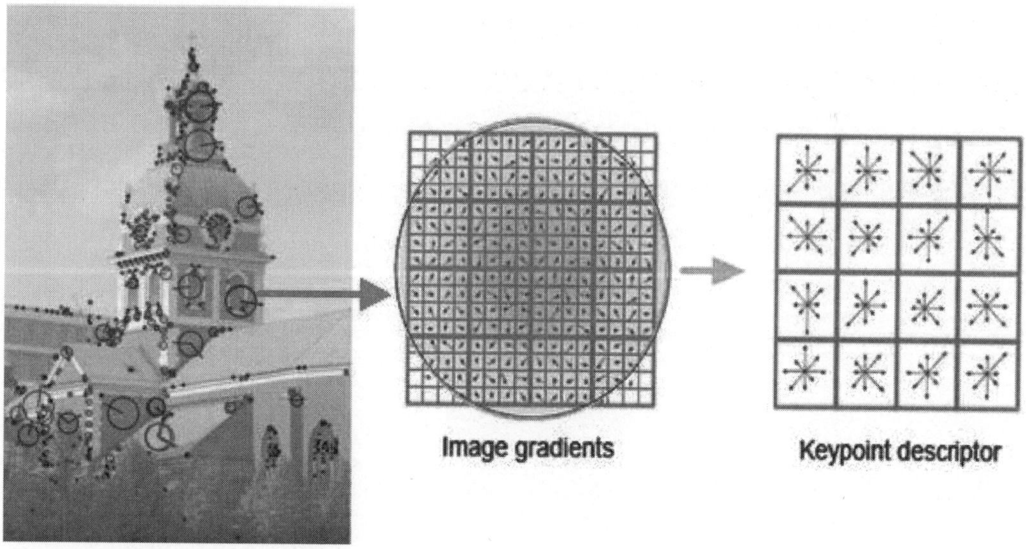

〈그림 Ⅲ-29〉 SIFT 그레디언트와 기술자

출처: http://www.codeproject.com/KB/recipes/619039/SIFT.JPG

SIFT는 기본적으로 특징점 주변의 로컬한 gradient 분포 특성(밝기 변화의 방향 및 밝기 변화의 급격한 정도)을 표현하는 feature이다. SIFT와 같은 local feature들은 대상의 크기 변화, 형태 변화, 방향(회전) 변화에 강인하면서도 구분력이 뛰어나며 통상적으로 물체의 기하학적 정보는 무시하고 특징점 단위로 매칭을 수행한다. 이러한 local feature들은 스케일, 회전, 밝기 변화에 대한 불변 특징을 위해 어느 정도 구분력을 희생하기 때문에 하나의 특징점에 대해 수많은 특징점이 매칭될 수 있으며 feature 자체의 성능보다는 어떤 매칭 방법을 사용했으냐에 따라서 최종 성능이 크게 좌우될 수 있다.

SURF(Speeded Up Robust Features)는 여러 개의 영상으로부터 스케일, 조명, 시점 등의 환경 변화를 고려하여 환경 변화에 불변하는 특징점을 찾는 알고리즘 중 하나로서 일반적으로 성능이 우수하다고 알려진 SIFT와 견줄만한 성능을 보이면서 속도를 크게 향상시킨 알고리즘이다. SURF는 그레이 공간상의 정보만 이용함에 따라 컬러 공간상에 주어진 많은 유용한 특징들을 활용하지 못한다.

(3) 특징점 매칭 방법

이미지에서 추출된 특징점 간의 유사도를 비교하여 영상이 중첩되는 부분을 찾아낼 수 있다. 특징점 간의 유사도를 비교하기 위해서는 특징점을 나타내는 기술자(Descriptor)의 고유성이 좋아야 하며, 특징점을 비교하는 비교 방법이 우수해야 좋은 결과를 도출할 수 있다.

OpenCV에서는 기본적으로 BruteForce와 FLANN 매처를 제공한다. Brute Force 매칭 방법은 각 이미지에서 검출한 특성들을 전수 조사하여 매칭하는 방법이므로 특징점의 개수가 많아지면 성능적인 문제가 발생할 수 있다. FLANN(Fast Library for Approximate Nearest Neighbors)의 약자로 큰 이미지에서 특성들을 매칭할 때 성능을 위해 최적화된 라이브러리 모음이다.

실습 과제 12 ORB

12번째 실습 과제는 특징점 중에 대표적인 ORB(Oriented FAST and Rotated BRIEF)를 구현한 예제이다. 입력된 2개의 이미지에서 ORB 특징점을 추출하고 이를 BF(Brute Force) 방법을 이용하여 매칭한 예제이다.

프로그램 코드 전문

```
#include "stdafx.h"
#include "opencv2/core.hpp"
#include "opencv2/features2d.hpp"
#include "opencv2/imgproc.hpp"
#include "opencv2/highgui.hpp"
#include <vector>
#include <iostream>
using namespace cv;
using namespace std;

int main()
{
    Mat img1 = imread("box.png", 1);
    Mat img2 = imread("box_in_scene.png", 1);
    Mat gray1;
    Mat gray2;

    cvtColor(img1, gray1, CV_BGR2GRAY);
    cvtColor(img2, gray2, CV_BGR2GRAY);

    Ptr<DescriptorMatcher> pMatcher = new BFMatcher(NORM_HAMMING2, true);

    vector<KeyPoint> keyPoints1, keyPoints2;
    Mat descriptors1, descriptors2;
    Ptr<ORB> detector = ORB::create();
    detector->detectAndCompute(img1, Mat(), keyPoints1, descriptors1);
    detector->detectAndCompute(img2, Mat(), keyPoints2, descriptors2);
```

```
    // Match features.
    vector<DMatch> matches;
    pMatcher->match(descriptors1, descriptors2, matches);
    // Draw matches.
    Mat image_matches;
    drawMatches(img1, keyPoints1, img2, keyPoints2, matches, image_matches);
    imshow("Matches", image_matches);

    waitKey(0);
    return 0;
}
```

위 예제를 실행하면 결과창이 아래와 같이 출력된다. BFMatcher의 결과이며 특징점 간의 매칭을 직관적으로 확인할 수 있다.

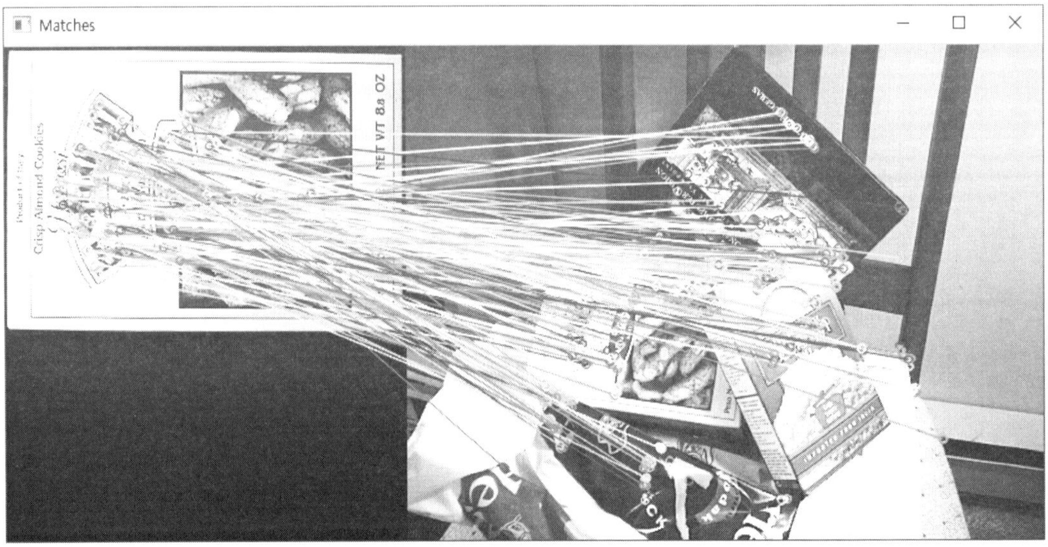

2) 스티칭(Stitching)

(1) 스티칭(Stitching) 개요

스티칭(Stitching)은 제공된 여러 장의 영상을 다양한 처리를 통해 영상 간의 같은 영역을 찾고 이를 서로 겹쳐서 고해상도의 넓은 시야각을 갖는 이미지를 제공한다. 그 응용 분야도 전시관과 스트리트 뷰 등으로 점차 확대되고 있다. 근래에는 3D의 입체감 및 UHD의 사실감과는 또 다른, 극대화된 현실감을 제공하는 기술들이 출시되기도 했다. 스티칭을 제공하기 위해서는 크게 영상 획득 기술과 생성 기술 및 재생 기술이 필요하다. 특히 한 대 이상의 카메라에서 획득된 다수의 영상으로부터 스티칭 영상을 생성하기 위해서 영상 간의 기하학 보정을 위한 스티칭 기술과 색상 보정을 위한 블렌딩(Blending) 기술이 필요하다.

실습 과제 13 Stitching

13번째 실습 과제는 입력된 2개의 영상에서 특징점을 추출하고 특징점 간의 유사도를 계산하여 특징점 그룹 간의 Homography 매트릭스를 계산한 후 이를 기반으로 영상을 스티칭하는 예제이다.

프로그램 코드 전문

```
// ConsoleApplication38.cpp: 콘솔 응용 프로그램의 진입점을 정의합니다.
//

#include "stdafx.h"
#include "opencv2/core.hpp"
#include "opencv2/imgcodecs.hpp"
#include "opencv2/stitching.hpp"
#include "opencv2/imgproc.hpp"
#include "opencv2/highgui.hpp"
#include <vector>
#include <iostream>

using namespace cv;
using namespace std;

int main()
{
    vector<Mat> imgs;
    Mat img1 = imread("1st.JPG", 1);
    Mat img2 = imread("2nd.JPG", 1);
    Mat img3 = imread("3rd.JPG", 1);
    imgs.push_back(img1);
    imgs.push_back(img2);
    imgs.push_back(img3);

    Mat pano;
    Ptr<Stitcher> stitcher = Stitcher::create(Stitcher::PANORAMA, false);
    Stitcher::Status status = stitcher->stitch(imgs, pano);
```

```
    imwrite("result.jpg", pano);
    namedWindow("result", CV_WINDOW_AUTOSIZE);
    imshow("result", pano);
    waitKey(0);
    return 0;
}
```

2장의 사진에서 특징점을 추출하고 이들 간의 Homography 행렬을 계산하여 2영상을 스티칭 한 결과는 아래와 같다.

8. 차영상

1) 비디오 프로세싱

VideoCapture 클래스는 동영상 파일을 읽거나 카메라로부터 영상을 얻어낼 때 사용하는 클래스이다. 이 클래스의 객체는 open(int CameraNumber) 메소드를 활용하여 카메라로부터 영상을 받는다.

```
#include "stdafx.h"
#include "opencv2/core.hpp"
#include "opencv2/imgcodecs.hpp"
#include "opencv2/stitching.hpp"
#include "opencv2/imgproc.hpp"
#include "opencv2/highgui.hpp"
#include <opencv2/video/background_segm.hpp>
#include <vector>
#include <iostream>

using namespace cv;
using namespace std;

//global variables
Mat frame; //current frame
int keyboard;

int main()
{
    //create GUI windows
    namedWindow("Frame");

    VideoCapture capture("vtest.avi");
    while ((char)keyboard != 'q' && (char)keyboard != 27) {
    //read the current frame
    if (!capture.read(frame)) {
    cerr << "Unable to read next frame." << endl;
    cerr << "Exiting..." << endl;
    exit(EXIT_FAILURE);
    }
    //get the frame number and write it on the current frame
```

```
    stringstream ss;
    rectangle(frame, cv::Point(10, 2), cv::Point(100, 20),
    cv::Scalar(255, 255, 255), -1);
    ss << capture.get(CAP_PROP_POS_FRAMES);
    string frameNumberString = ss.str();
    putText(frame, frameNumberString.c_str(), cv::Point(15, 15),
    FONT_HERSHEY_SIMPLEX, 0.5, cv::Scalar(0, 0, 0));
    //show the current frame and the fg masks
    imshow("Frame", frame);
    //get the input from the keyboard
    keyboard = waitKey(30);
    }
    //delete capture object
    capture.release();

    waitKey(0);
    return 0;
}
```

위 프로그램을 실행할 때는 폴더 안에 "vtest.avi" 파일이 있어야 에러 없이 실행된다. 아래 화면은 비디오 파일을 재생하는 결과 화면이다.

2) 배경 제거

배경 제거(Background Subtraction)는 많은 비전 기반 애플리케이션에서 활용되는 전처리 프로세싱 과정이다. OpenCV에서는 BackgroundSubtractorMOG2를 제공한다. 이 알고리즘은 가우시안 믹스쳐 기반 배경/전경 분할 알고리즘이다. 2001년 P.Kadew RraKuPong과 R.Bowden의 논문 〈An improved adaptive background mixture model for real-time tracking with shadow detection〉을 통해 발표되었다.

알고리즘은 K값이 3 또는 5인 가우시안 분포 믹스쳐를 배경 픽셀에 적용함으로써 배경 제거를 수행한다. 믹스쳐에 대한 가중치는 영상에서 배경 제거를 위한 특정 픽셀이 동일한 장소에 머물고 있는 시간 비율을 나타낸다.

```
#include "stdafx.h"
#include "opencv2/core.hpp"
#include "opencv2/imgcodecs.hpp"
#include "opencv2/stitching.hpp"
#include "opencv2/imgproc.hpp"
#include "opencv2/highgui.hpp"
#include <opencv2/video/background_segm.hpp>
#include <vector>
#include <iostream>

using namespace cv;
using namespace std;

//global variables
Mat frame; //current frame
Mat fgMaskMOG2; //fg mask fg mask generated by MOG2 method
Ptr<BackgroundSubtractor> pMOG2; //MOG2 Background subtractor
int keyboard;

int main()
{
    //create GUI windows
    namedWindow("Frame");
    namedWindow("FG Mask MOG 2");
```

```
    //create Background Subtractor objects
    pMOG2 = createBackgroundSubtractorMOG2(); //MOG2 approach

    VideoCapture capture("vtest.avi");
    while ((char)keyboard != 'q' && (char)keyboard != 27) {
    //read the current frame
    if (!capture.read(frame)) {
    cerr << "Unable to read next frame." << endl;
    cerr << "Exiting..." << endl;
    exit(EXIT_FAILURE);
    }
    //update the background model
    pMOG2->apply(frame, fgMaskMOG2);
    //get the frame number and write it on the current frame
    stringstream ss;
    rectangle(frame, cv::Point(10, 2), cv::Point(100, 20),
    cv::Scalar(255, 255, 255), -1);
    ss << capture.get(CAP_PROP_POS_FRAMES);
    string frameNumberString = ss.str();
    putText(frame, frameNumberString.c_str(), cv::Point(15, 15),
    FONT_HERSHEY_SIMPLEX, 0.5, cv::Scalar(0, 0, 0));
    //show the current frame and the fg masks
    imshow("Frame", frame);
    imshow("FG Mask MOG 2", fgMaskMOG2);
    //get the input from the keyboard
    keyboard = waitKey(30);
    }
    //delete capture object
    capture.release();

    waitKey(0);
    return 0;
}
```

9. 직선 추출

1) Canny Edge Detection

Canny edge detection은 수많은 edge detection 중 하나로 잡음으로 인해 잘못된 edge를 계산하는 것을 방지하기 위해 개발된 알고리즘으로 많이 쓰이는 알고리즘이다

아래 그림의 왼쪽 이미지를 보면 어둡 밝음 어둡, 오른쪽 이미지는 밝음 어둡 밝음으로 이미지의 명암이 급변하는 부분, edge는 두 부분이다. (이 이미지의 경우 x축으로만 밝기 변화가 있고, y축의 경우 밝기 변화가 없는 것을 알 수 있다.)

이 밝기 변화에 따른 그래프를 x축 기분으로 그리게 되면 명암 변화 파형이 생성되고, 그 파형을 1차 미분할 경우 명암 변화 파형의 기울기 변화량을 나타내는 파형이 생성된다.

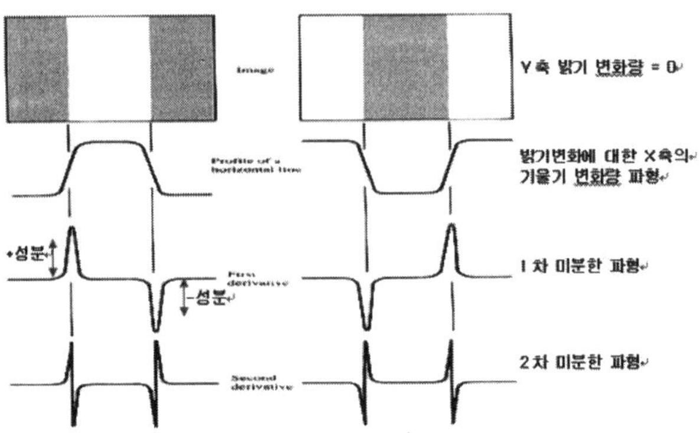

〈그림 Ⅲ-30〉 캐니 에지 디텍션 개념도

이 1차 미분 파형을 통해 이미지 내에서 2차 미분 시 edge를 나타내는 픽셀의 밝고 어두운 부분의 위치를 확인할 수 있다. 그래프에서 확 튀는 부분이 파형이 존재하는 부분이다.

수식으로 나타내면 2차원 함수 f(x,y)의 미분 수식은 다음과 같고

$$\frac{\partial f(x,y)}{\partial x} = \lim_{\epsilon \to 0} \frac{f(x+\epsilon y) - f(x,y)}{\epsilon}$$

이산 데이터 f(x,y)의 근사적 미분 수식은 다음과 같다.

$$\frac{\partial f(x,y)}{\partial x} \approx \frac{f(x+y) - f(x,y)}{1}$$

○ line edge mask(0°, 45°, 90°, 135°)

- 방향 성분을 검출하기 위한 마스크로 방향에 따라 각 픽셀에 다른 가중치를 준다. 위 그림과 같이 검출하고자 하는 방향에 더 높은 가중치를 주고, 그 나머지 값들은 낮추는 방식이다.

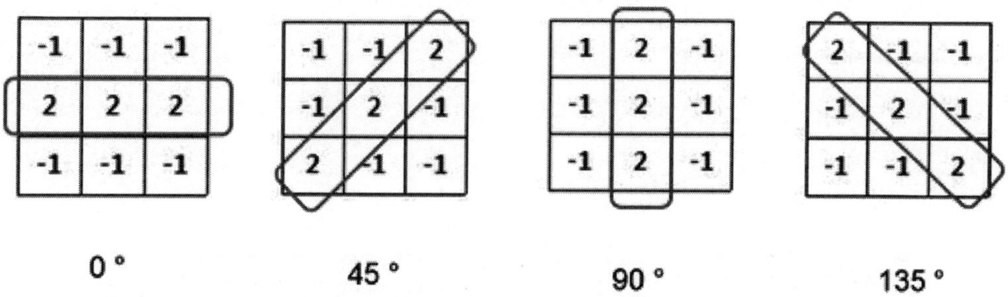

〈그림 Ⅲ-31〉 Line Edge mask 예시

○ Sobel mask

- 모든 방향의 edge를 검출 → 그러나 대각선 방향의 edge에 더 민감하게 반응

- 픽셀값을 평균화하므로 noise에 강함

-1	0	1
-2	0	2
-1	0	1

-1	-2	-1
0	0	0
1	2	1

〈그림 Ⅲ-32〉 Sobel Mask

왼쪽의 mask는 수직 방향, 오른쪽은 mask는 수평 방향을 중점으로 검출한다.

Canny edge detection 시 사용하는 방법으로 두 개의 sobel mask를 각각 이미지와 convolution하여 나온 결과의 magnitude를 계산해 edge를 검출하는 방식이다.

Canny edge detection에선 Sobel mask를 이용해 edge를 검출한다. 수직, 수평 방향의 mask를 적용해 각각 이미지와 연산을 진행하고 두 이미지를 가지고 magnitude를 구해 edge를 찾아내는 방법을 이용한다. 그 결과 edge(혹은 edge라고 생각되는)를 제외한 나머지 pixel은 0을 가지게 된다.

검출된 edge를 더 얇게(더 정확하게) 표현하기 위해 edge를 나타내는 각각의 pixel 값들을 중심으로 주변 pixel과 비교하여 최댓값이 아닌 값은 제거하는 non-maximum suppression을 적용한다.

○ Non-maximum Suppression

Non - maximum suppression이란 image processing을 통해 얻은 edge를 얇게 만들어 주는 걸 말한다. gaussian mask와 sobel mask를 적용한 edge는 bluring되어 있는, 즉 뭉개져 있는 edge이기 때문에 더욱 선명한 선을 찾기 위해 적용이 필요하다.

non - maximum suppression은 중심 픽셀을 기준으로 8방향의 픽셀값들을 비교하여 중심 픽셀이 가장 클 경우 중심 픽셀의 값을 유지하고 반대의 경우 중심 픽셀의 값을 0으로 적용하는 과정이다. 아래와 같은 예제를 보면,

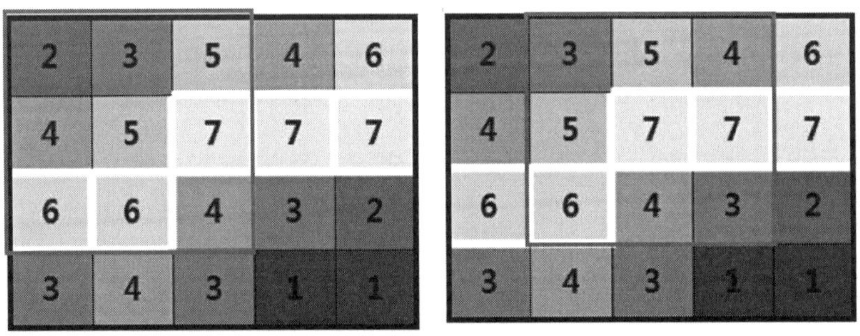

〈그림 Ⅲ-33〉 Non-maximum Suppression 개념도

위와 같은 픽셀값들을 갖는 이미지가 있다고 했을 때, 첫번째 3 * 3 window 안의 값들을 비교하면 중심 픽셀인 빨간 테두리 픽셀을 기준으로 8방향의 픽셀값들을 비교했을 때 픽셀값 7이 가장 큰 것을 알 수 있다. 이 경우 중심 픽셀값이 non - maximum이므로 중심 픽셀값은 0으로 제거된다.

다음으로 한 칸 옮겨서 진행해 보자. 빨간색 테두리 픽셀이 중심 픽셀로 7의 값을 갖고 있는데, 이 값은 8방향에 있는 픽셀들과 비교했을 때 가장 큰 값을 갖는다. 따라서 이 경우 중심 픽셀값이 maximum이므로 제거하지 않고 7의 값을 그대로 적용한다. 이와 같은 방법으로 전 영역에 대해 진행하면 다음의 결과를 얻게 된다.

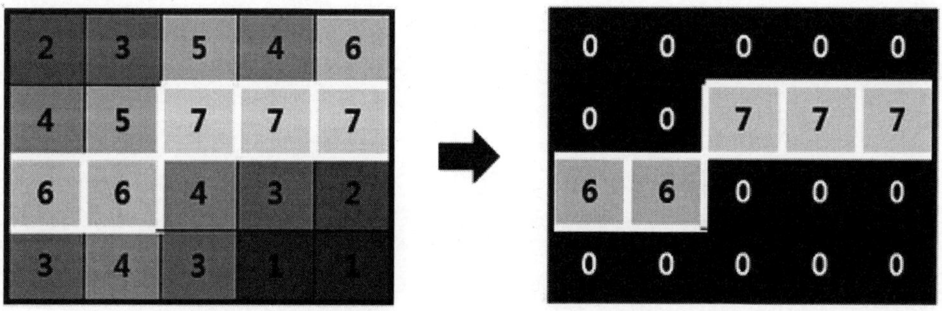

〈그림 Ⅲ - 34〉 Non-maximum Suppression 결과

non - maximum 값들에 0의 값들을 주게 되어 위와 같은 결과나 나오게 된다. 이는 실제 직선의 주변 값들을 지우게 되어 원래의 직선을 구할 수 있게 된다. 뭉게진 직선을 보고 원래의 sharp 한 직선을 찾는 과정이다.

○ double thresholding

영상 내의 noise 혹은 color variation으로 인해 edge가 아닌 부분이 edge로 검출될 수 있다. 이를 구분해 내기 위해 double - thresholding을 적용한다. double - thresholding란 두 개의 임계값(thresholding 값)을 두고 edge를 강 edge, 약 edge로 나누는 과정이다.

임계값은 high threshold value와 low threshold value 두 개의 값을 임의로 설정한다. 이 임계값을 어떻게 설정하냐에 따라 결과도 달라진다. 검출된 edge가 high threshold보다 높은 값이면 강 edge로, low와 high 값 사이라면 약 edge로 구분하고 low threshold value보다 낮다면 실제 edge가 아닌 nosie로 검출된 edge로 가정하고 과감하게 제거한다. 이 과정을 거치게 되면 강 edge 부분은 하얗게, 약 edge 부분은 강 edge 보다 흐릿하게 나오게 된다. 약 edge와 강 edge로 나눈 이유는 다음 단계인 edge tracking by hystersis에서 edge를 판단하는 데 이용되기 때문이다.

○ Edge tracking by histeresis

Canny edge detection의 마지막 단계이다. 가우시안 마스크로 블러링을 해 노이즈의 영향을 줄이고 소벨 마스크를 이용해 에지를 검출하고 주변 픽셀과 비교를 통해 에지를 선명하게 만들어 주고 두 개의 임계값을 이용해 강 에지와 약 에지를 구분하고 노이즈로 인해 검출된 에지를 제거해 주었다.

마지막 단계인 Edge tracking을 통해 실제 edge가 끊어진 부분을 이어주고 실제 edge가 맞는지 아닌지 모호한 약 edge를 제거해 실제 edge를 추출한다.

이전 포스트에서 Double - thresholding을 통해 검출된 edge를 강 edge와 약 edge로 구분해 놓았다. 이를 이용해 최종적으로 edge를 결정해 보자. Edge tracking은 실제 경계선을 나타내는 부분이지만 이전 단계에서 edge가 아니라고 판단된 부분을 다시 살려내는 과정이다. 강 edge라고 판단된 중심값은 edge로 유지한다. 그러나 약 edge라고 판단된 중심값은 non - maximum suppression과 비슷하게 약 edge pixel을 중심으로 8방향에 있는 pixel들과 비교해 edge인지 아닌지 결정한다. 약 edge의 8방향에 있는 pixel들 중 edge인 강 edge들과의 연결성이 있다면 이 약 edge는 실제 edge라고 판단해 살려둔다.

그러나 약 edge라고 판단된 pixel을 주변 8방향의 pixel들과 비교했을 때 강 edge와 연관성이 없다면 잘못 판단한 edge로 간주하고 제거하게 된다. 이 과정을 통해 edge라고 판단된 부분 중 선이 끊어진 부분이 연결된다.

edge라고 판단된 선들 중 연관성이 없는 edge는 제거해 주어 실제 edge를 찾는데 정확성이 높아진다. 여기까지 Canny edge detection이다.

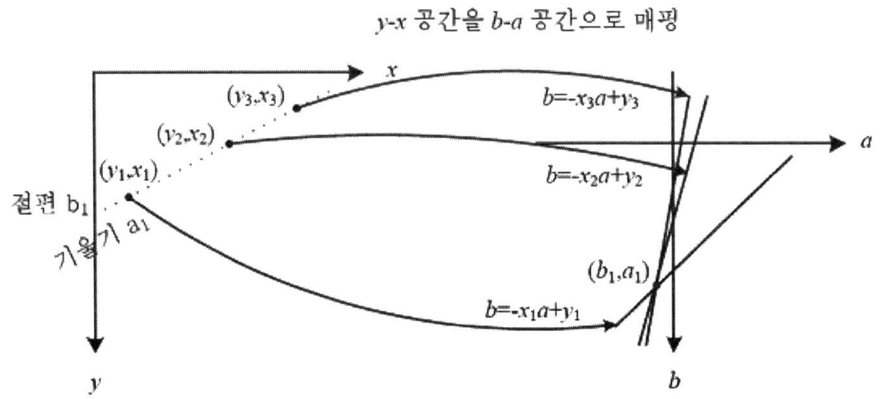

〈그림 Ⅲ-35〉 허프 변환의 원리

2) Hough transform

Hough transform이란 이미지 상의 특정한 점들 간의 연관성을 찾아 특징을 추출하는 방법이다. 위 그림을 보면 왼쪽의 xy 평면상에 기울기 a_1과 y 절편으로 b_1을 갖는 직선 $y=a_1x+b_1$이 있고 이 직선상의 점 중 임의의 점 (y_1,x_1), (y_2,x_2), (y_3,x_3)가 있다.

이 점들을 xy 평면상에서 기울기와 y 절편의 평면인 ab 평면상으로 옮기게 되면 각각 하나의 직선을 갖게 되고, 총 세 개의 직선이 나오게 된다.

ex) 일반적인 직선의 방정식 $y=ax+b$를 ab에 관한 식으로 정리하면,

$b=-ax+y$

위 식에 각 점들을 대입하게 되면

$b=-ax_1+y_1$

$b=-ax_2+y_2$

$b=-ax_3+y_3$

라는 세 개의 식을 구할수 있다.

이때 ab 평면이 직선의 기울기와 y 절편이라는 것을 고려하면 같은 직선상의 점들은 당연히 같은 기울기와 y 절편을 갖게 되므로 교점을 형성하게 된다. 위 그림의 경우 같은 직선상에서 임의의 세 점을 뽑았으므로 당연히 ab 평면상에서 세 직선이 하나의 교점을 갖게 되고 그 좌표값은 (a_1,b_1)이다. 이 좌표값을 가지고 ab 평면에서 다시 xy 평면으로 바꾸게 되면 기울기와 y 절편을 알고 있으므로 하나의 직선을 구할 수 있게 된다.

위와 같은 원리로 xy 평면상의 임의의 점들을 ab 평면상으로 매핑하여 ab 평면상에서의 직선을 구하고 그 직선들 간의 교점의 존재 여부를 확인해 보면 같은 직선상의 점인지 아닌지를 알 수 있다.

위 과정이 Hough transform의 원리이다. 이때 위 방법은 한 가지 문제점이 있다. 만약 기울기가 0일 경우 무수히 많은 직선이 형성되어 각 점들 간의 연관성을 찾을 수가 없게 된다. 실제 Hough transform은 기울기와 y 절편의 평면이 아닌 이산적으로 계산할 수 있는 극좌표계, $r\theta$ 평면으로 변환한다.

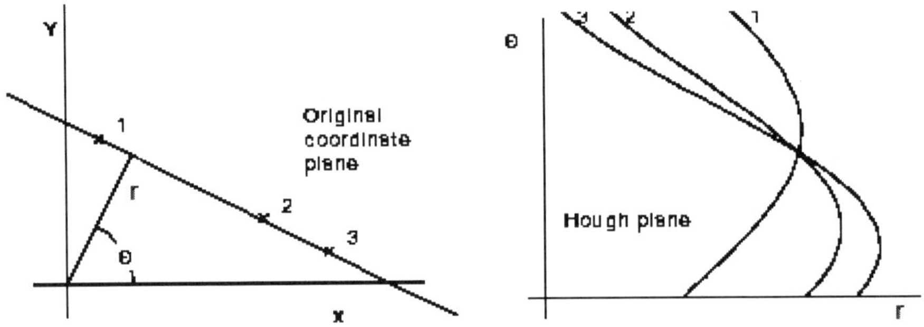

〈그림 Ⅲ-36〉 X-Y 평면과 r-Theta 평면

xy 평면상의 직선을 r과 θ에 대한 표현으로 바꿀 수 있다. 원점에서부터 직선까지의 거리를 r, x축과의 기울기를 θ라고 하면 다음의 수식들을 이용해 변환할 수 있다.

$$a = \frac{A}{B} = -\frac{\cos\theta}{\sin\theta},\ b = -\frac{r}{\sin\theta}$$

$$y = \left(-\frac{\cos\theta}{\sin\theta}\right)x + \left(\frac{r}{\sin\theta}\right)$$

$$r = x \cdot \cos\theta + y\sin\theta$$

위 과정이 Hough transform이고 변환을 하게 된 그래프는 오른쪽 그래프와 같다. 같은 직선상에서 세 점을 뽑을 경우 같은 (r, θ)의 한 교점을 갖게 되고 Hough reverse - transfrom을 적용하면 된다. 여기까지가 Hough transform에 대한 기본 설명이다.

아래 소스는 하프 트랜스폼을 직선에 적용한 예제이다. 소스를 보면 입력 영상을 imgGray 변수로 저장한 후에 Canny 에지 필터를 적용한다. 이후 하프 트랜스폼을 적용하여 그 결과를 segStd 변수로 저장한다. 계산된 rho, theta를 이용하여 추출된 직선을 가시화한다.

```
// ConsoleApplication38.cpp: 콘솔 응용 프로그램의 진입점을 정의합니다.
//

#include "stdafx.h"
#include "opencv2/core.hpp"
#include "opencv2/imgcodecs.hpp"
#include "opencv2/imgproc.hpp"
#include "opencv2/highgui.hpp"
#include <vector>
```

```
#include <iostream>

using namespace cv;
using namespace std;

int main()
{
    // Declare the output variables
    Mat dst, cdst, cdstP;
    // Loads an image
    Mat src = imread("sudoku.png", IMREAD_GRAYSCALE);

    // Edge detection
    Canny(src, dst, 50, 200, 3);
    // Copy edges to the images that will display the results in BGR
    cvtColor(dst, cdst, COLOR_GRAY2BGR);
    cdstP = cdst.clone();

    // Standard Hough Line Transform
    vector<Vec2f> lines; // will hold the results of the detection
    HoughLines(dst, lines, 1, CV_PI / 180, 150, 0, 0); // runs the actual detection
    // Draw the lines
    for (size_t i = 0; i < lines.size(); i++)
    {
    float rho = lines[i][0], theta = lines[i][1];
    Point pt1, pt2;
    double a = cos(theta), b = sin(theta);
    double x0 = a*rho, y0 = b*rho;
    pt1.x = cvRound(x0 + 1000 * (-b));
    pt1.y = cvRound(y0 + 1000 * (a));
    pt2.x = cvRound(x0 - 1000 * (-b));
    pt2.y = cvRound(y0 - 1000 * (a));
    line(cdst, pt1, pt2, Scalar(0, 0, 255), 3, CV_AA);
    }
    // Probabilistic Line Transform
    vector<Vec4i> linesP; // will hold the results of the detection
    HoughLinesP(dst, linesP, 1, CV_PI / 180, 50, 50, 10); // runs the actual detection
    // Draw the lines
    for (size_t i = 0; i < linesP.size(); i++)
```

```
        {
        Vec4i l = linesP[i];
        line(cdstP, Point(l[0], l[1]), Point(l[2], l[3]), Scalar(0, 0, 255), 3, LINE_AA);
        }
        // Show results
        imshow("Source", src);
        imshow("Detected Lines (in red) - Standard Hough Line Transform", cdst);
        imshow("Detected Lines (in red) - Probabilistic Line Transform", cdstP);

        waitKey(0);
        return 0;
    }
```

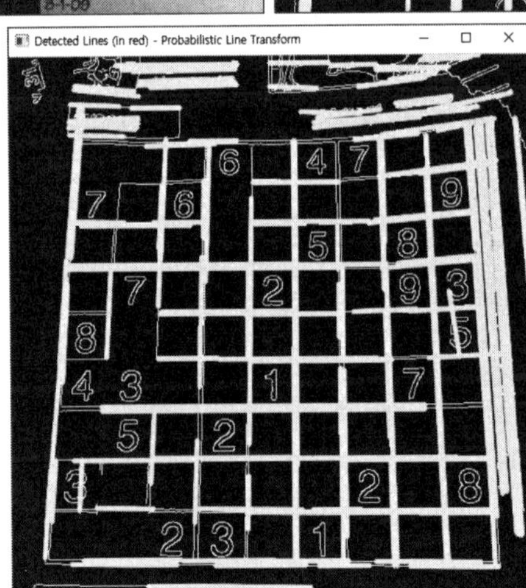

■ 참고 문헌

[1] Ritchie, Dennis M. (1993년 1월). "The Development of the C Language"

[2] 김형오, "스마트폰 카메라 기반의 Flexible-IoT용 가시광 통신 응용 기술에 관한 연구", 서울과학기술대학교, pp.28~30, 2015

[3] Richard Hartley, Andrew Zisserman, "Multiple View Geometry in computer vision", Cambridge University Press, 2003

[4] Rafael C. Gonzalez, Richard E. Woods, "Digital Image Processing", Prentice Hall, 2001

[5] Adrian Kaehler, Gary Bradski, "Learning OpenCV 3: Computer Vision in C++ with the OpenCV Library", O'Reilly Media, 2017

[6] Lowe, D. G., "Distinctive Image Features from Scale-Invariant Keypoints", International Journal of Computer Vision, 60, 2, pp. 91-110, 2004.

[7] Herbert Bay, Andreas Ess, Tinne Tuytelaars, and Luc Van Gool, "Speeded Up Robust Features", ETH Zurich, Katholieke Universiteit Leuven

[8] Marius Muja, David G. Lowe, "Fast Approximate Nearest Neighbors with Automatic Algorithm Configuration", p331~340, Vol 2, VISAPP, 2009

[9] Soonyong Park, K. S. Rho, "Coarse-to-Fine Localization for a Mobile Robot Based on Place Learning With a 2-D Range Scan," IEEE Transactions on Robotics, vol. 32, no. 3, pp. 528-544, 2016.

[10] Soonyong Park, S.-K. Park, M. Hebert, "Fast and Scalable Approximate Spectral Matching for Higher Order Graph Matching," IEEE Transactions on Pattern Analysis and Machine Intelligence, vol. 36, no. 3, pp. 479-492, 2014.

[11] 서강, 조강현, 유범재, "3차원 비젼", 대영사, 2000

[12] 이상협, 정성찬, 좌동경, "비주얼 서보잉 기술의 동향", 제어로봇시스템학회지 22(2), 2016.6, 22-28

[13] 김영욱, 이종배, 백준기, "지능 로보틱스 영상처리 기술동향", 정보과학회지 26(4), 2008.4, 5-11

■ 웹 사이트

http://darkpgmr.tistory.com

https://docs.opencv.org/3.2.0/d9/df8/tutorial_root.html

https://imagine.microsoft.com/ko-kr/Catalog/Product/530

https://msdn.microsoft.com/ko-kr/library/ws8s10w4.aspx

저자 정보

김형오 한국폴리텍대학 교수

이상호 성일정보고등학교 교사

이승연 동서울대학교 교수

이봉수 한국폴리텍대학 교수

C/C++을 활용한

디지털 영상 신호 처리

2018년 2월 25일 1판 1쇄 인 쇄
2018년 2월 28일 1판 1쇄 발 행

지은이 : 김형오, 이상호, 이승연, 이봉수

펴낸이 : 박 정 태

펴낸곳 : **광 문 각**

10881
파주시 파주출판문화도시 광인사길 161
광문각 B/D 4층
등 록 : 1991. 5. 31 제12-484호
전화(代) : 031) 955-8787
팩 스 : 031) 955-3730
E-mail : kwangmk7@hanmail.net
홈페이지 : www.kwangmoonkag.co.kr

• ISBN : 978-89-7093-879-0 93560

값 18,000원

KSPA 한국과학기술출판협회회원